島田裕巳
Hiromi Shimada
水野和夫
Kazuo Mizuno

資本主義2.0

宗 教 と 経 済 が 融 合 す る 時 代

講談社

まえがき——これからの五百年、日本が進むべき道を示すために

一九九五年三月二十日、オウム真理教（現・アーレフ）は地下鉄で猛毒のサリンを撒《ま》き、多数の死傷者を出した。オウム真理教は、前年の六月二十七日夜から二十八日早朝にかけて、長野県松本市内でもサリンを撒いており、その際にも多くの死傷者を出している。

このふたつの事件は、日本だけではなく、世界に大きな衝撃を与え、日本のマスメディアは一時オウム真理教の話題一色に塗りつぶされた。けれども、事件の重大性、そしてその影響については、十分に認識されていないようにも思われる。

民間の一宗教団体が、化学兵器であるサリンを製造し、それを実際に使用するなどということは、これまでの歴史にないことで、その後に世界各地で起こるテロ事件でも、化学兵器が使われた例はない。しかも、オウム真理教は、生物兵器の製造にも関心を持っていたし、化学兵器工場である第七サティアンは、サリンを大量に生成することを目的として建設されたものだった。

この事件から六年半後、アメリカでは同時多発テロが起こる。アメリカの繁栄の象徴である世界貿易センタービルにハイジャックされたジャンボジェット機が突っ込み、ビルは崩壊した。この事件とオウム真理教の事件が直接の関連を持つわけではないにしても、サリン事件が、同時多発テロ以降に続発する大規模テロ事件の先鞭《せんべん》をつけたことは間違いない。

ベルリンの壁崩壊をきっかけにした冷戦構造の終焉《しゅうえん》は、イデオロギー上の対立に終止符をうち、世界に平和が訪れるという希望を生んだ。しかし、サリン事件から続く一連のテロ事件は、世界に新たな危機が訪れたことを示すもので、アメリカはアフガニスタンやイラクで対テロ戦争を敢行し、膨大な数の死者を出した。その意味で、オウム真理教のサリン事件は、世界を大きく変えるきっかけになったともいえる。

この事件が起こった一九九五年に、世界の経済環境が根本的な変化をこうむり、それ以前の経済の動きや経済政策をめぐる常識が、まったく通用しなくなったと主張するのが、エコノミストの水野《みずの》和夫《かずお》氏である。

それがいかに大きな変化だったかについては、水野氏の著作『人々はなぜグローバル経済の本質を見誤るのか』（日本経済新聞出版社・二〇〇七年）において詳細に論じられている。水野氏は、膨大なデータをもとに議論を組み立てており、この著書は高い評価を受けている。

水野氏は、経済環境の変化の根本《こんぽん》にグローバル化と情報化があることを指摘している。オウム真理教の事件に始まるテロの場合にも、同じようにグローバル化と情報化が背景になっていた。オウム真理教は、ソ連解体後のロシアに進出し、そこで化学兵器工場建設というアイディアを得たものと思われるし、同地では日本を上回る数の信者を獲得した。

同時多発テロの中心にあるオサマ・ビンラディン率いるアルカイダの場合も、さまざまな国の人間がかかわった国際的テロ集団であり、情報化によって生み出されたコンピュータ・ネットワークを基盤に広がっている。オウム真理教も、かなり早い段階からコンピュータ・ネットワークを駆使していたし、その資金源となったのが秋葉原での安価なパソコンの販売だった。

その意味で、グローバル化や情報化は、世界を根本から変容させ、それまでとは異なるまったく新たな時代を生み出してきたといえる。

いったい世界はどのように変わったのか。変容した世界のなかで、日本はいかなる道を進むべきなのか。その点を明らかにしていく作業は緊急の課題であり、またそれは避けて通ることのできない問題である。

本書は、その問題に正面から迫ることを目的としている。そして「大ぶろしきを広げている」といわれるかもしれないが、これからの五百年、日本が進むべき道について、ひとつの提案をしたつもりである。

エコノミストと宗教学者の対話は、意外なものに思えるかもしれない。だが、一九九五年に根本的な変化が起こったという認識で両者は一致している。しかも、実際の対話を追っていただければ、今日の経済のあり方に宗教の問題が深くかかわっていることが理解されてくるはずである。

無宗教を公言する日本人は、人間生活における宗教の役割の大きさを無視してしまいがちである。けれども、社会学者のマックス・ウェーバーが、『プロテスタンティズムの倫理と資本主義の精神』で、資本主義の誕生に果たした宗教の役割を強調したように、経済と宗教とは密接な関係を持っている。

終わりに、水野氏と私とを結びつけ、対話の実現を提案してくれた高校時代からの友人、電通の渡辺《わたなべ》一夫《かずお》氏に感謝したい。

二〇〇八年五月

島田《しまだ》裕巳《ひろみ》

目次◉資本主義2・0——宗教と経済が融合する時代

まえがき――これからの五百年、日本が進むべき道を示すために　1

序章　これまでの経済理論は通用しない

宗教学者とエコノミストの交錯は偶然か　18
資本主義が始まって以来の異常事態　20
大恐慌終焉時のアメリカのごとく　21
世界記録を達成した日本の低金利　24
日本の超低金利をどう受け止めるべきか　27
百メートルを九秒〇で走り抜けた日本　28
ジェノバと日本の共通点　31
世界経済で日本が優等生だった証拠　32
「改革をしなくても成長する」を証明　34
日本で起きている問題は欧米を参考にできない　38
日銀にコントロールの手立てはあるのか　39

第一章　一九九五年に何が起きたのか

経済のルールをアメリカが変えた　44
同じ時期に日本で起きていた大事件　47
ルービンの「強いドル政策」のカラクリ　49
冷戦終結との深いかかわり　53
ＩＴ革命がグローバル化を招く　55
冷戦終結とＩＴ、テロリズムの関係　56
「投資会社アメリカ」の鉄則　59
アジア通貨危機は仕組まれたのか　63
人類が経済を制御できなくなっている　66
一九九五年に変わった経済のバージョン　67
次に来るものは「資本主義２・０」　69

第二章　マルチ商法国家の脅威

「借金」を返さない国の論理　72
非常識の領域に突入したアメリカ　74
これまでの常識がまったく通用しない　76
マルチ商法国家に成り下がったアメリカ　79
サブプライムローンの尋常ならぬ構造　81
食い物にされる個人投資家たち　84
金融経済に振り回される実物経済　87
経済破綻のドミノ倒しは防げるのか　89
アメリカが「禁じ手」を使った理由　91
サブプライムローンは意図的な仕掛けか　94
死ぬつもりがないアメリカ人　97
三百八十兆円の不良債権がのしかかる　100
よみがえる十六世紀の亡霊「価格革命」　103

地球温暖化問題の真意を疑え　106

第三章　なぜ経済を語るのに宗教が必要なのか

貨幣と化した株式が肥大する　112
奈良の大仏はカネ余りの象徴　114
大仏建立《こんりゅう》の経済的な意義　117
新宗教が美術品を買う本当の理由　118
神殿と六本木ヒルズの発想の違い　120
人間の暴走を阻止できるのは宗教だけ　123
激変を前に政治は無力化する　125
創価学会が弱者に与えたもの　127
資本主義と新宗教が引っ越した先　130
世界の宗教地図が変わった　131
時代の変化に苦悩する公明党　133
「2・0」に飲み込まれる創価学会　134

創価学会に見るカネ余りの吸収 136
なぜか創価学会にお金が流れない 139
余った会員のお金の意外な行き先 141

第四章　世界経済を支配するイスラム

オイルマネーが世界経済を席巻《せっけん》する 146
イスラム金融の最大の特徴 147
投資してはいけないものがある 149
システムが進化し新たな商品が 151
イスラム教とカネ余りの関係 152
イスラム教は神道《しんとう》に近いもの 154
中国を凌駕《りょうが》するオイルマネー 158
ドバイに見るイスラムの未来 161
描きかえられる世界経済の地図 163
倒したはずの相手が金持ちになっている 165

祖国を見捨てたアメリカ系金融機関　167
ドル離れの果てにあるもの　169
五百年の時を経て復活する帝国群　171

第五章　富者と貧者――引き裂かれる日本

国民生活と景気回復の乖離《かいり》　174
複雑に二極化する景気の動向　175
景気回復が庶民を苦しめるカラクリ　178
第一の二極化―市場がグローバルか否か　180
「資本主義2・0」を前に立ちすくむ産業　184
新たな船に乗れる者、乗れぬ者　186
第二の二極化―資本vs.労働　187
労働者の六割が置かれる環境　189
「大都市vs.地方都市」図式の疑問　193
第三の二極化―「地域vs.地域」　195

「道州制」は日本を活性化させるのか　200

第六章　「資本主義2・0」の時代へ

堀江・村上は「資本主義2・0」のアダ花　204
そんな金儲けは悪いに決まっている　206
「世界中央銀行」構想は幻か　208
「喜捨《きしゃ》」の精神を復活させよ　210
「神まかせ」だったマルクス経済学　214
経済と宗教の切れてしまったリンク　218
宗教と経済の新たな融合へ　221
いまだ「1・0」のプロ野球　225
日本中に現れている「2・0」への変化　227
「2・0」の社会が求める政党とは　229
リスタートを切る世界経済　231
「資本主義1・0」の呪縛から逃れられるか　234

終章　これからの五百年をリードする日本

猛スピードの近代化による副作用　238
宗教禁圧が後押しする近代化　241
従来の格差とは違う「格差2・0」　244
「少子化」は本当に問題なのか　247
人口減少に対応できる経済を　249
無宗教ゆえの強みを活かす　250
世界に類《るい》を見ない新たなる「移民国家」を　253
文化を外国人受け入れのツールに　255
日本人のメンタリティーが変わる　258
見えてくる、これから五百年の日本　261

あとがき――アメリカが日本のあとを追いかけている

263

資本主義2・0——宗教と経済が融合する時代

序　章　これまでの経済理論は通用しない

宗教学者とエコノミストの交錯は偶然か——島田

水野さんは著書『人々はなぜグローバル経済の本質を見誤るのか』のなかで、「一九九五年で戦後は終わった。この年を境に戦後の常識が、経済だけでなく、政治や社会や文化やあらゆる分野で通用しなくなったといえる」と書いています。

その背景にはグローバル化があるわけですが、「グローバル化は政治・経済・社会のすべてを根本的《こんぽん》に変える総合的なプロセスであり、その分析には経済学だけでなく政治学、社会学、文学など学際的なアプローチが不可欠である」とも指摘しています。

宗教という観点からいうと「一九九五年」というのは、非常に大きな意味を持ちます。一九九五年三月二十日の、オウム真理教によるサリン事件です。

オウム真理教のサリン事件を、世間では意外なほど軽く見ているような気がします。「カルトな人たちが引き起こした、特異な事件」程度に。ところが、この事件の影響は世界史的な視野で見ると非常に大きいのです。

オウムは世界的に展開したグローバルな組織で、ソ連崩壊後のロシアと密接な関係を持っていました。また、宗教テロリズムという概念を生み出し、ビンラディンやアルカイダに影響を与え、アメリカの同時多発テロ「９・１１」につながることになる。つまり現在の、ある意味において世界の枠組みをつくるきっかけとなった事件だと、位置づけることができるのです。それは宗教的なもののみではなく、政治や経済にも深くかかわっています。

ですから、水野さんが『人々はなぜグローバル経済の本質を見誤るのか』で、「一九九五年に世界は変わった」と主張しているのを見て、「自分と同じように考えている人がいるのだな」と思ったのです。それは直感的なものだったのですが、「この人は私とリンクしているな」と。

では、「一九九五年」をはさんで世界はどう変わったのか。それを突きつめていく必要があります。一見すると、宗教学者とエコノミストは対極にある存在に見えるかもしれませんけれど、宗教と経済は本来、密接な関係にあります。

たとえば今日にも影響を与えている宗教社会学者のマックス・ウェーバーは、『プロテスタンティズムの倫理と資本主義の精神』という古典的な著作で、キリスト教の教義的な部分と資本主義の成立の関係を指摘しています。だから宗教学者とエコノミストが交錯するのは、偶然ではなく「必然」だと思うのです。「一九九五年」というキーワードが引き寄せた必然だと思う。

そこでまず、うかがいたいのですが、どの段階で、「一九九五年に世界は変わった」と気づいたのでしょうか。

資本主義が始まって以来の異常事態――水野

「おかしいな」と思い始めたのは、一九九九年一月から始まって、二〇〇〇年十一月に終わる景気回復期（第十三循環期）が終焉《しゅうえん》したあたりです。

一九九八年末、当時の大蔵省資金運用部が国債買い切りの停止を発表すると、長期金利が急騰しました。これは「資金運用部ショック」と呼ばれており、その影響で、翌年二月に一瞬だけ十年国債利回りが、二・〇%を超えたのですが、その後、第十三循環期の回復期中、二・〇%を超えることはありませんでした。

二〇〇二年（第十四循環期）に入っても相変わらず、十年国債利回りが二・〇%を下回っており、丸三年が経過していました。

資本主義が始まって以来、一度も起きたことのないことが日本で進行していたのです。デフレと潜在成長率の低下だけでは説明できない、何かもっと別の、しかも大きな力が働いていると感じていました。

紀元前三〇〇〇年からの金利の歴史上、複数年にわたって長期金利が二・〇%以下で推移するということには特別な意味があります。人類の歴史のなかで十七世紀初頭のイタリア・ジェノバと、二十世紀末から二十一世紀にかけての日本との二ヵ国でしか出現したことがないからです。

一九九七年の九月十二日に、日本の十年国債利回りが、日本としては初めて二％を切りました。そこからさらに下がり、一九九八年の八月二十六日には、世界最低記録だったイタリア・ジェノバの一・一二五％を下回り、日本の十年国債利回りは一・一二〇％と記録を更新しています。

それ以降、もっとも十年国債利回りが低くなったのは、二〇〇三年六月十二日の〇・四三五％でした。二〇〇二年一月を「底」に戦後最長の景気回復が続いている現在でも、十年国債利回りは一・四％程度で推移しています（二〇〇七年十二月の時点）。

大恐慌終焉時のアメリカのごとく——水野

じつは二十世紀半ばの大恐慌時代のアメリカでも同じように債券利回りが下がったことがありました。しかし、二％を割れたのは一年限りで、日本や十七世紀初頭のイタリアのように、複数年続いた国とは、利回り低下の背景がまったく異なると思います。

二十世紀中のアメリカで二％を割れたのは一九四一年でした。一九四一年というのは、一九二九年に起こった世界大恐慌が、ほぼ終わった年といえます。また、一九三九年に第二次世界大戦が勃発《ぼっぱつ》しており、戦争による特需でアメリカの景気が良くなっていく時期でもあります。

その時点で、金利がアメリカの歴史上、最低を記録して、その後、上昇したわけです。一九九七年には、日本もついに同じようなことが起きたのだと思ったのです。つまり、大恐慌が終焉した時代のアメリカと同じような状況に置かれているのだと。

しかし大恐慌終焉時のアメリカでも、長期金利が二％を下回ったのは一年にしかすぎません。それを当てはめ、一年を過ぎた一九九八年十月以降になれば、日本の金利水準も二・〇％を上回ってもおかしくないと予想していました。ところが、一九九八年の十月になっても、いっこうに二％を上回る気配がないのです。一九九九年も、年初に起きた資金運用部ショックを除いて、ずっと二％以下——。

この時期、私は『100年デフレ—21世紀はバブル多発型物価下落の時代』（日本経済新聞社・二〇〇三年）の執筆の準備をしていました。その関係で、いつも以上に金利の変動に注目していたのですが、原稿を書き始めたときでも長期金利は二％以下のままで、上がる気配を見せないのです。

金利が、本来あるべき水準よりも大幅に下がった状態にあって、債券市場が間違ったサインを出している、という考え方もあるでしょう。しかしマーケットにおいては、大衆による法則が働きます。

個々人の判断には誤りがあるかもしれないが、債券市場は、大勢のさまざまな見方を織り込んで価格が形成されます。だから、これほど長期にわたって過去の常識では説明できないことが起きているということは、債券市場が、何か新たなメッセージを発していると考えるべきだと思ったのです。一九九七年に下がり、二〇〇一年の時点で足かけ五年ですから、これほど長い期間、マーケットが間違っているとは考えられないのです。

この期間に、瞬間的に二%を超えることはありました。しかし、ほんの数日とか一ヵ月でまた下がってしまう。やはり長期金利が二%以下で推移している。あの大恐慌終焉時のアメリカでさえも、長期金利が二%以下というのは一年で終わったのに、今回はほとんど二%を超える気配がありません。

そこで、これまでの原理・原則では考えられないことが起こっているのだな、と思ったのです。

そしてこのときに到り、「これまでの経済学の理論は通用しない」と、気づいたのです。

こうして債券市場が、いったい何を反映しているのか？　なぜ二%を割る長期金利が続いているのか？　その理由を知るために過去にさかのぼり、世界の歴史における金利の記録を調べることにしたのです。

世界記録を達成した日本の低金利――水野

金利の記録とは、かなり昔のものから残されており、紀元前三〇〇〇年、シュメール時代から調べられています。もちろん、当時の金銭の貸借契約書がかたちとして残っているわけではなく、リチャード・シィラとの共著『ア・ヒストリー・オブ・インタレスト・レーツ』（一九六三年）を残したシドニー・ホーマーが、一九五〇～一九六〇年代にかけて、キリスト教の教会に保存されていた古文書を調べてデータを研究して発表しています。

それによると、紀元前三〇〇〇年のシュメール王朝から金利の歴史が始まり、金利が大きく下がったのは、ローマ帝国時代の紀元前三一年からです。紀元前九三年から紀元前三〇年までのあいだ、金利は十％を超えていたのですが、内乱が終結したことで、紀元前二五年から紀元後九七年のあいだ、四％と当時としては、過去に経験したことがない超低金利時代が実現しました。紀元前一〇〇年前後から、外国との戦争や内乱が続いたから高金利だったのです。

共和制から帝政に移行し、オクタヴィアヌスがアウグストゥスの尊号を受け、初代皇帝に就いたのが紀元前二七年です。貨幣制度が紀元前四九年にローマの領土全域に導入され、いわば、「パックス・ロマーナ」（帝政が始まった紀元前二七年からローマ五賢帝《ごけんてい》の時代の終わりである紀元後一八〇年まで）が始まります。経済的にもこのローマ帝国がもっとも繁栄した時期と、古代における超低金利の時期は一致しています。

そして中世に入り金利がジリジリと上がります。ところが十六世紀半ばからは逆に下がり始め、一六一九年、イタリア・ジェノバで一・一二五％の最低金利を記録、ローマ帝国の低金利を更新したのです。一六一一年から一六二一年の足かけ十一年間にわたって、二・〇％を下回りました（一六一二年は二・〇％）。十七世紀初頭の「利子率革命」が起きたことになります。

そして、利子率革命が起きると、同時に先進国の金利がいっせいに自国の史上最低金利を下回ることになります。十七世紀末には、イタリア・ジェノバ以外にも、スペインやオランダなど、周辺の先進国が自国の最低金利を更新しています。

その後、一八九七年にはイギリスが二・二一％と、二・〇％にニアミスしています。

十八世紀の産業革命以降、イギリスは世界をリードしてきました。ところが、十九世紀の後半になるとアメリカとドイツの工業化に押され、イギリスは両国に追い越されそうになります。その頃にイギリスにバブルが訪れるのですが、バブルが崩壊すると同時に両国に追い抜かれ、前述した二・二一％の低金利を記録します。しかし、それでもイタリア・ジェノバの一・一二五％を下回ることはありませんでした。

ところが一九九八年八月、そのイタリア・ジェノバの金利を、三百七十九年ぶりに下回ったのが、日本なのです。これは二十一世紀の利子率革命と呼ぶべきものです。しかも二〇〇三年には〇・四三五％まで下げています。イタリア・ジェノバの低金利は十一年間続いていますが、二〇〇八年一月の時点で、日本の低金利は十年と四ヵ月。やがて、数字と期間の両方で、世界記録を更新することになるでしょう。

ここで重要なことは、アメリカやイギリスの低金利と、イタリア・ジェノバや日本が記録した超低金利の持つ意味を、同列に扱うことはできないということです。

アメリカやイギリスの低金利が起きた、十八世紀後半から二十世紀末までは資本主義による「インフレの時代」でした。そして「インフレの時代」、つまり「ひとつの時代の範疇《はんちゅう》」にあったからこそ、イタリア・ジェノバの低金利を更新できなかったのです。

しかし、イタリア・ジェノバと日本の低金利は、十九世紀後半のイギリス大不況や二十世紀アメリカの大恐慌とは違います。

イタリア・ジェノバは中世封建社会・荘園制経済《しょうえんせいけいざい》の終焉、つまり「ひとつの時代の終焉」

に起きています。そして「ひとつの時代の終焉」に起きているゆえ、古代ローマの低金利を更新したのです。同様に、日本の低金利も「ひとつの時代の終焉」に起き、イタリア・ジェノバの低金利を更新しています。

現在、終焉を迎えているのは、十七世紀「東インド会社」に始まった資本と国家が一体化した「資本主義」なのです。そして、新しく始まったのは、資本が国家を超越した「グローバル時代の資本主義」なのです。

日本の超低金利をどう受け止めるべきか――島田

今のお話からは、ローマ帝国にしてもイタリア・ジェノバにしても、国の繁栄と低金利にかかわりがあることが見えてきます。

十五世紀以降のイタリア・ジェノバは、ベネチアやオスマン帝国と地中海の覇権を争っており、ルネッサンスと宗教改革の真《ま》っ直中《ただなか》です。そのなかで、低金利を記録しています。もっとも一六一九年の時点では、すでに十五世紀中頃からの大航海時代の波に飲み込まれつつある時代でしたが。

そして、日本の一九九八年は、バブルが崩壊して七年後となります。

イタリア・ジェノバと日本は「宴のあと」とでもいえる時代に超低金利を記録しているわけですが、日本が更新した低金利について、どう受け止めればいいのでしょうか。

百メートルを九秒〇で走り抜けた日本——水野

私は、金メダルに匹敵する名誉だと考えています。もっとも繁栄した証《あかし》であり、「ひとつの時代の範疇」を規定するシステムのなかで競走した結果、世界中の富が、日本にもっとも集まったからだと思います。

投下資本に対するリターンを表したのが、金利です。あるひとつのシステムのもとで、もっとも競争力を発揮した国が、もっとも資本ストックを蓄積します。そのため、投下資本を一単位、さらに追加したときの、資本一単位当たりのリターンは低くなるのです。

日本の富の源泉は、自動車と半導体のふたつの製造業です。近代の仕組みは、モータリゼーションである自動車と情報です。だから、食料品とか繊維で世界一になっても、金メダルの証拠にはならないのです。近代の仕組みのなかで、より遠く、より速くという原則を具現化するのが情報と自動車です。

一九八〇年に、自動車の生産台数がアメリカを抜いて世界一位になっています。一位の座は一九九二年まで守っています。また半導体もおおむね同時期に世界一位になっています。中世にイタリアが為替制度を発明し世界中の金・銀を集めたのと同じように、日本は自動車と半導体で世界中からお金を集め、資本を蓄積したのです。

陸上の百メートル競走にたとえるならば、十秒〇をひとつの壁だとして、それこそ九秒〇ぐらいで走ってしまった、それが日本です。誰にも追い越せない水準です。近代化というルールのなかで、日本は極めて優れた適応を見せ、欧米が三世紀から四世紀かけて歩んできた近代化を、欧米諸国を追いかけて百三十年で達成し、ごぼう抜きにしたわけです。

一九八〇年代の日本は、「ジャパン・アズ・ナンバーワン」の時代を謳歌《おうか》していました。日本は世界一というイメージがあり、東京がすごい都市になると、あの時代は本気で思っていた人が多かったことでしょう。外国の人も、同じ認識を持っていたのではないでしょうか。

また日本は国際化し、東京は国際都市として発展していくという、バブルの心理的な土壌《どじょう》ができあがった時代でもありました。

それは日本のGDP（国内総生産）にも表れています。一九九五年に日本人一人当たりのGDPが約四万二千ドルで、G7のなかでダントツの一位になったのです。第二位はドイツで約三万八百ドルでした。年間平均為替レートが一ドル九十四円の時代です。ルクセンブルクやスウェーデンといった人口が少ない国を除けば、日本が他国を圧倒して一位となったのが一九九五年だったのです。

また、一九八七年から二〇〇〇年までのあいだ、一九九八年を除き、G7のなかで、日本が一人当たりGDPで第一位を獲得しています。「失われた十年」といわれた時期でさえ、じつは日本は世界一位だったのです。

かたや、帝政ローマや中世イタリアも、超低金利が終わってもしばらくは経済大国であり続けました。

その後、古代ローマでは、超低金利を脱し、紀元一〇〇年には六・〇%に上昇していますが、五賢帝の時代が終わる紀元一八〇年まで「パックス・ロマーナ」が続きました。中世イタリアの長期金利も一六二二年には四・〇%を超えて、一六二四年には五・五%まで上昇しました。フランスの著名な歴史学者フェルナン・ブローデルは著書『地中海』のなかで、地中海の衰退は一六五〇年以前には起きていないと結論づけています。

このように、古代の帝政ローマ、中世のイタリア・ジェノバ、そして近代の日本という超低金利国は、その時代、世界一豊かな経済国になったのです。

ジェノバと日本の共通点——水野

現在の日本と同様に、イタリア・ジェノバや帝政ローマ時代の低金利は、富の集約を意味します。たとえば一六一九年あたりまでは、新世界、つまりアメリカの金・銀・財宝がイタリア・ジェノバに集まり、そこでカネ余りが起きたのです。

どこでお金を消費していいかわからないから、豪奢《ごうしゃ》な宗教施設を建てます。それでも、まだ余っているので、イタリア中の山を切り開いてワイン畑にして、さらに当時の最先端工芸に投資する。しかし、むやみに山を切り開くものだから、大洪水になると、十年から二十年にわたる不況に陥ったとされています。

それほどやっても、まだ余っている。そこで高い利息で借りてくれる、スペイン帝国のフェリペ二世に融資したあげく、富を失っています。

つまり、アメリカの国債を買いまくる、日本のようなことをしたのです。時代やかたちこそ変われど、日本の一九八〇年代に似た現象が発生したわけです。

やがて、ヨーロッパ北部のオランダやイギリスでは宗教革命が起きて、中世封建制・荘園制の時代から主権国家・資本主義の時代へと、少しずつですが時代の歯車は水面下で着実に動きます。

一六〇〇年にイギリスで東インド会社が設立され、資本主義勃興の時代が訪れます。イギリスやオランダが帝国ではなく、絶対君主の時代から市民革命を経て、国民国家の道を歩むのに対し、イタリアは中世的仕組みに根ざした世界帝国を目指すスペインとの連合で、資本主義の抵抗勢力となります。そして没落してしまいます。つまり、世界の政治と経済のルールが変わり、それに対応できなかったわけです。

では、現代の日本はどうなのでしょう。

金メダルを取った直後、世界の経済のルールが変わってしまいます。いや、「変えられてしまった」というほうが適切でしょう。それが一九九五年――。そして日本の国のなかで、新たな経済のルールに対応できる部分と、できない部分が生まれてしまったのです。

世界経済で日本が優等生だった証拠――水野

残存期間が十年にもっとも近い国債の金利が、日本の代表的な長期金利ですから、長期金利が二%を割れたということは、日本が発行する十年国債の利回りが二%に届かないということになります。つまり、十年間百万円預けても、一年間に二万円未満のリターンしかありません。ちなみに、一九八〇年代の国債利回りの平均は六・六三％です。それまでの戦後の常識からすると、日本の長期金利が三・〇％を下回ることはありえないことでした。

一九九五年九月、日本の国債利回りは三・〇％を下回りましたが、それ以降、この水準を上回ることはありませんでした（一九九六年二月から八月までの七ヵ月間は除く）。まさに、一九九五年を境に、それまでの非常識が常識に変わってしまったのです。

利潤率と金利は同じ方向に動くといわれています。拡大経済下では企業が設備投資するとき、設備資金は内部資金だけでは足りず、外部調達しなければなりません。企業がその設備投資計画に高い利潤率を、つまり儲けを期待しているときは、借入金利が高くなります。

借入金利は投資家から見るとリターンになり、利潤率の代理変数といわれています。それもリスクをもっとも嫌う、投資家の利潤率です。対照的に株式はリスクをともなう利潤率です。十年国債はリスクをともなわないので、いわゆる「最低でも、これだけは欲しい」というリターンです。それが、一九八〇年代と比較すると三分の一以下になってしまったのです。

一九九七年に十年国債の利回りが二％を下回り、現在まで低金利が継続しています。それは、日本は投資しても儲からない国になったことを意味します。利潤極大化を目指す資本主義にとってみると、儲からないということは、いちばんいけないこと。それが続いているわけです。

これまでの資本と国家が一体化した資本主義（国家資本主義）のもとでは、つねに拡大するインフレを基調とした経済でした。

金利を体温にたとえれば、金利が上がりすぎるのは、いわば身体がカゼに冒されて高熱を発しているようなものです。金利の上昇は、インフレのサインです。逆に体温が低すぎると体力がなくなってしまいます。いわば、低温状態で活発な活動ができなくなっているのです。

十七世紀以降、世界経済はつねにカゼ気味でしたから、金利を低く抑えている国こそが、もっとも経済パフォーマンスがいいということになります。その意味で日本がもっとも優等生だったのです。

「改革をしなくても成長する」を証明――水野

しかし、現在の日本では、景気回復下で、しかも人手不足なのに賃金は下落しています。これまでの経済常識ではありえないことが起きているのです。

景気は二〇〇二年から回復しているとされていますが、たとえば、一九六五年から一九七〇年にかけて続いた好景気「いざなぎ景気」と比較すると、状況が異なることが見えてきます。

「いざなぎ景気」は東京オリンピック後に起きたマイカーブームやカラーテレビやクーラーの普及など、国民の所得増を背景に起きた好景気です。いっぽう、二〇〇二年一月を底に回復を続けてきた景気拡大は、二〇〇六年十月時点で、「いざなぎ景気」と並ぶ五十七ヵ月連続となり、二〇〇八年一月で丸六年になります。

ただし、二〇〇七年七〜九月期から、企業収益が五年ぶりに減益に転じましたので、二〇〇二年二月から始まっている現在の景気回復は、二〇〇八年一〜三月に「山」をつけた可能性があります。それでも、戦後最長の景気回復期であることに、変わりはありません。

これら労働需給の逼迫《ひっぱく》度合いなど、過去のさまざまなパターンを現在に当てはめると、理論上、現在のインフレ率は二〜三%台になってもおかしくありません。

インフレ率を控除した実質長期金利は潜在成長率とおおむね等しくなります。潜在成長率とは、日本が保有している資本と労働を、過不足なく使って成長できる平均的な実力です。ある条件を与えると、潜在成長率と物価上昇率の合計が長期金利になることが、理論的には証明できます。

そこで、理論どおりのことが成立しているか検討してみます。

日本は二〇〇二年に景気が回復し始めて以来、実質長期金利（消費者物価増減率は生鮮食品を除くベースを用いて計算）は一・六三％となり、同期間の平均実質GDP成長率二・一％よりも低くなっています。平均実質GDP成長率二・一％というのは、日本の潜在成長率が一％台後半と試算されているので、この間、日本の景気は実力以上のパフォーマンスを発揮したことになります。

それにもかかわらず、日本の実質長期金利（一・六三％）が潜在成長率（一％台後半）よりも低いというのは、理論では説明できない何かが起きていると考えざるをえません。しかも、日本の財政は先進国でもっとも悪い状況にあるのですから、長期金利は財政プレミアム、つまり上乗せを要求して、高くなってもおかしくないのですが、そうならないのです。

こうした状況は日本特有の現象ではありません。アメリカの長期金利も、本来理論上で説明できる水準よりも低いのです。

経営者の多くは人手不足といっていますが、その労働需給を反映した賃金が成り立っていれば、つまり一九九五年以前の労働需給と賃金の関係に当てはめれば、今、本当は賃金が上がっているはずなのです。そして「賃金が上がっていれば、これだけのインフレ率になる」という計算をすれば、インフレ率は二％ぐらいになっていてもおかしくない。

日銀が望ましいと考える物価の上昇率が、ゼロから二％ですから、ほとんど上限に近づいているはずです。労働と資本を過不足なく使って成長し、インフレ率が二%ならば、理論上、長期金利は四%になっていなければならないはずです。ところが相変わらず十年国債利回りは一・五%を割っています（二〇〇八年一月時点）。

また、十六世紀に誕生した近代資本主義において、ひとつの大原則があります。それは「インフレ（成長）がすべての怪我《けが》を治す」です。結論からいえば、この法則も通用しなくなったのです。

一九九四年度以降、現在に到るまで、GDPデフレーター（一般物価水準）が下落を続けています。また消費者物価（総合）は一九九九年度から二〇〇五年度まで下落し、デフレが続きました。

物価下落の期間をGDPデフレーターで比較すると、今回の下落は史上最長です。それまでは戦前、第一次世界大戦後の一九二五年から一九三一年までの七年連続の物価の下落が、最長記録でした。しかし、今回の下落は約十三年連続。世界においても、これほど長期間の下落を体験したのは、日本が初めてです。

しかも二〇〇二年以降、景気は回復しています。「インフレがすべての怪我を治す」の法則を否定するかのごとく、「改革をしなくても成長する」ことが、証明されてしまったわけです。

日本で起きている問題は欧米を参考にできない——島田

この本のテーマのひとつに「日本の転倒性」があります。「日本の転倒性」とは、わかりやすくいえば「一見、日本は欧米を追いかけているように見えるが、じつは日本が世界の先を行っている」という意味です。

一般的に日本は欧米のあとを追いかけている、という認識があるかと思います。ところが百三十年遅れて近代化をスタートさせても、ものすごいスピードで近代化したために、すでに欧米を追い越してしまった。しかも、スピードが速いために、その矛盾や副作用が、欧米よりも早く出ている。この「日本の転倒性」や急速な近代化の矛盾や副作用については、水野さんも『人々はなぜグローバル経済の本質を見誤るのか』で指摘しています。

これを認識することは重要です。なぜならば、日本で起きている問題に対処する場合、欧米を参考にしても意味がないからです。今、話に出た、GDPデフレーターの長期の下落が世界では類《るい》を見ないのであれば、これも「日本は世界の先を行っている」ことの表れのひとつだと思います。

宗教テロリズムという概念を生み出し、ビンラディンらに影響を与えたオウム真理教のサリン事件もまた、「日本の転倒性」のひとつと位置づけることができます。その根底には「デフレでは成長しない」という考え方がありました。その小泉改革が掲げたスローガンは正しかったのか？　それをしっかりと見極める必要があります。

ところで、金利は日銀が決めた公定歩合に基づくわけですから、金利を政策的に上げられる部分はあるかと思うのですが、それが規制されているように見えます。それはどういうことなのでしょうか。

日銀にコントロールの手立てはあるのか――水野

まず、小泉構造改革路線ですが、一九九五年に資本主義の断絶が起きたと考えれば、「改革なくして成長なし」は古い資本主義に基づく発想です。グローバル時代の資本主義のもとでは、ＢＲＩＣｓの近代化と連動して景気が回復するのですから、改革なくしても成長は可能なのです。

しかもこのように、グローバル化やＢＲＩＣｓの近代化などの要素が加わるので、話が複雑になります。つまり、日本の景気回復は、これまでの資本主義、しかも外国の資本主義のおかげなのです。そして、古い資本主義はすでに先進国がたどってきたし、今の中国もそうであるように、インフレになりやすいので、別に小泉政権が「デフレ脱却なくして成長なし」と唱《とな》えても唱えなくても、グローバル化で外のインフレ（成長）と連動することで、日本の景気は回復することができるのです。

では、今お話に出た長期金利と政策金利の関係に関して述べましょう。日銀は政策金利を変更するのですが、それが長期金利に影響を及ぼす度合いは低下してきていると思います。

従来は政策金利の上げ下げは、基本的にはインフレ率に基づいて行っていました。それでも、十年国債利回りと政策金利のスプレッド、いわゆる長短金利格差を計算すると、安定的ではありませんでした。そのうえ、グローバル資本主義下では、金融経済が実物経済を動かすようになってきたため、景気自体が株や土地などの資産価格の値上がり、値下がりで変動するようになりました。

その結果、各国の中央銀行はインフレ率とは整合的でなくても、政策金利を変更しなければならなくなってきたのです。たとえば、二〇〇七年八月以降、米連銀の連続で、しかも大幅な利下げは、まさにアメリカの住宅価格の下落と、アメリカの金融システムの不安を抜きには考えられません。今後はますます、資産価格の影響を受ける政策金利と、インフレ率の影響を受ける長期金利は乖離《かいり》することになるでしょう。

ところで、長期金利は予想短期金利の累計に、さまざまなリスクプレミアムを加味した水準になります。

十六世紀以来の資本と国家が一体化した資本主義下では、基本的には「インフレがすべての怪我を治す」時代だったのですから、中央銀行の金融政策がインフレに許容的であったり、大きな政府志向でつねに財政拡張政策をとるなど、長期金利に加味される、さまざまなリスクプレミアムはプラス値でした。

ところが、世界的なカネ余り状況が構造的に定着するようになると、長期金利にはつねに低下圧力が働くようになり、巨大な運用資金を抱えた世界の投資家は高金利国に投資するようになったのです。

これまでの資本主義のもとでは、金利の低い国というのはインフレのコントロールが可能で、マクロ経済政策が非常にうまくいっているとされてきました。プラスの評価を受けてきたのです。しかしグローバル化した現在では、金利が低い国ほどファンダメンタルズ、つまり経済の基礎的条件が悪いとされるべきなのです。

第一章　一九九五年に何が起きたのか

経済のルールをアメリカが変えた――水野

一九九五年にいったい何が起きたのか――。島田さんが、オウム真理教がサリン事件を起こしたことについては、先ほど触れていましたが、経済において、一九九五年に何が起きたのか、それについてお話ししましょう。

その象徴は、一九九五年にアメリカの財務長官に就任したロバート・ルービンの「強いドル政策」です。

ルービンはゴールドマン・サックス社に二十六年間籍を置き、一九九三年、クリントン政権の発足と同時に経済政策担当大統領補佐官に任命され、ホワイトハウス入りした人物です。

余談ですが、彼は「さや取りの天才」と称されています。「さや取り」とは、似たような値動きをするふたつの銘柄の、いっぽうを買いポジションで、片方を売りポジションで同時に新規に建てて、時期が来たら同時に決済し、その価格差＝サヤの変化で利益を積み上げていく投資方法です。

財務長官に就任するとルービンは「強いドルがアメリカの利益にかなう」と主張。ドル資産の価値を高める政策を打ち出すことで、海外のマネーをアメリカの株式、債券など資本市場に呼び込もうとします。しかしそれを聞いたとき、私は「赤字大国のアメリカが強いドルだなんていったら、ますます赤字が増えるだけでパンクするだけだろう」と思ったのです。

一九八五年のプラザ合意によるドル安・円高の結果、アメリカの経常収支赤字（貿易赤字）は減少し始め、一九九一年にはわずかながら黒字に転じています。しかし、一九九二年からはふたたび赤字となり、その後も赤字額は増えます。一九九五年の円相場を見ると、史上初めて八十円を突破する円高を記録しています。

一九九五年の時点でアメリカは千百三十六億ドルの経常赤字を抱えていました。それまではドルを切り下げることで、赤字を縮小させてきました。

そこにルービンの「強いドルは国益だ」です。これは開き直ったかのように「赤字を是正するつもりはない」と宣言しているようなものです。ドル高になれば、輸入超過となり、借金、すなわち対外純債務が増えてしまうからです。

それまでの経済の常識は「経常赤字の増加は成長の妨げになる」ですから、「強いドルは国益だ」と宣言すれば、アメリカの経常赤字が一段と膨張して、結局ドルは下落して、長期金利が上昇して経済成長できないというのが、当たり前の見方だったのです。ルービンの政策は、この経済常識に真っ向から挑戦したのでした。

ところが数年後、振り返ってみると、事実上、経常赤字を穴埋めできていました。一見するとむちゃな政策でしたが、ルービンは意図的に経済の常識を覆したのです。

その狙いは、世界中のマネーをいったんアメリカに集中させ、その後、再度世界に配布するという、いわば「マネー集中一括管理システム」の構築。そして、アメリカという国そのものを投資会社化し「投資会社アメリカ」をつくり上げ、世界中のマネーで運営することだったのです。

また、経済の常識に「金融経済は実物経済に従属する」があります。実物経済とは、物やサービスなどを生み出していく、いわゆる付加価値を高めていく経済活動のことをいいます。いっぽう、金融経済とは資産（たとえば、金融資産のなかのお金）と資産（たとえば株式）の交換に代表されるように、それ自体が何らかの付加価値を生むわけではない、取引活動のことをいいます。従来の常識は「株価は先行きの実物経済を予想して動く」でした。しかし、「強いドル政策」は、金融経済の肥大化をうながすことで、これも覆してしまったのです。

金融経済が実物経済を凌駕《りょうが》する時代の幕開けであり、アメリカが他国のマネーを自由に使う「金融帝国」化宣言だったのです。それが一九九五年だったのです。

同じ時期に日本で起きていた大事件――水野

アメリカでそれほど大きな動きがあった同時期、日本ではどのような動きがあったのでしょうか。

やはり日本でも、常識を覆すことが起こっています。一九九四年の十二月には、東京協和信用組合と安全信用組合が経営破綻《はたん》しています。絶対といわれた金融システムの崩壊の始まりであり、その後、住宅金融専門会社の多くが破綻、一九九七年には都市銀行のひとつである北海道拓殖銀行が破綻しています。

また、序章で触れたように、一九九四年度以降、GDPデフレーター（一般物価水準）が下落。企業の資産調達・運用状況も、一九九四年十〜十二月期以降、一変しました。これ以降、つねに資金不足状態にあった企業部門（非金融民間企業）が、資金余剰セクターに、すなわちキャッシュフローが投資額を上回るようになったのです。いわば、企業のカネ余りが恒常化するようになったのです。

一九九五年というのは、日銀の金融政策がデフレ対応に転じた年であったのですが、企業行動にも大きな変化が現れた年でした。

日銀が戦後、初めてデフレ状況を意識して金融緩和政策をとったのが一九九五年だったのです。七月七日に超低金利政策に踏み切っています。

このときの日銀の発表には「今後、物価が過度に下落した場合の経済に及ぼす影響をも考慮にいれつつ、……市場金利は平均的に見て現行公定歩合（一・〇％）をある程度下回って推移することを想定している」とあります。

さらに、同年九月八日になると、日銀は公定歩合を〇・五％に引き下げ、政策金利として史上最低を記録しています。日銀は引き下げに際して「物価面では、引き続き、全般的に下落圧力が根強い状況にある」と認識していました。

いずれにしても「これはデフレ対策ですよ」といっているわけです。デフレを阻止するために金利を下げた、というのは、戦後初めてのことでした。景気が悪いから金利を引き下げたのではなく、すべてはデフレ対策のためだったのです。

実際、日本の景気は一九九三年十月を「谷」として回復過程にありました。そのことを正式に政府が認めたのは、およそ一年後の一九九四年十一月でしたから、一九九五年の夏時点では不況に入っているという認識はなかったはずです。円高で不況に入るリスクに対応した、予防的な利下げだったと評価できるかもしれません。実際、当時の経済指標が悪化しており、そうした懸念があったのはたしかです。しかし、もし仮に景気悪化を理由とした利下げだったら、その後、政策金利を上げていたはずです。

ところが日銀はさらに金融を緩和し、ついに一九九九年二月十二日に、「ゼロ金利政策」に踏み切りました。実際に下げられた無担保コールレートは〇・一五％でしたが、四月九日の金融政策決定会合では、さらに緩和効果が出るように、デフレの懸念が払拭《ふっしょく》できるまでゼロ金利を続けることを決定しました。こうした一連のデフレ対応の金融政策は、一九九五年に始まっていたのです。

ルービンの「強いドル政策」のカラクリ——水野

では、ルービンの「強いドル政策」について、そのカラクリはいかなるものだったのか。

「強いドル政策」の初期段階での目的は、外国人による直接投資を促進して、アメリカの企業にニュー・キャッシュを注入することだったと思います。

「強いドルは国益だ」といわれた海外の投資家が何をやったかというと、まずはアメリカの株式を買います。直接投資として工場などを買い、また経営権支配のための株式や、純投資として株式を買うのです。つまり海外の投資家がアメリカの企業を買い始めたのです。

一九九八年にはアメリカの自動車メーカーのクライスラーが、ドイツのダイムラー・ベンツ・AG《アーゲー》と合併してダイムラー・クライスラー・AG（現ダイムラー・AG）となりました。対等合併となっていましたが、事実上はダイムラーによる買収です。クライスラーはGMやフォードと並ぶ、「ビッグスリー」の一角です。つまりアメリカは基幹産業ともいえる自動車メーカーを、外国に売り払ったのです。また自動車メーカーなどの製造業だけでなく、金融機関も外国の投資家に売り払っています。

一九七〇年代後半にクライスラーは危機を迎え、一九七九年にレーガン大統領は倒産させじと救済しています。フォード・モーターの社長を務めていた、アイアコッカが社長に就任した時期です。事実上の公的資金の投入でしたが、それにはクライスラーが戦車もつくっていたことに理由がありました。

そこには「車と軍需は倒産させない」という、強い意思表示があったのです。だから、一九九八年にベンツとの合併話が出たとき、世間は「ベンツがクライスラーを買うなんて、ありえない！　アメリカが許すはずがないじゃないか！」という見方が一般的でした。ところが、さっさと売ってしまった。「国防産業は売らない」といっていたのにもかかわらずにです。

基幹産業や国防産業を他国に売り払った背景には、その時点で、アメリカは車や陸軍の戦車を含めた軍需産業への発想を切り替えていたのだと思います。もはや近代ではないと考えたのでしょう。

近代がピークに達した二十世紀は、「戦争の時代」ともいわれます。しかも、国家総動員の戦争であり、それには陸軍が大きな役割を発揮します。レーガン大統領が救済した一九七九年では、自動車と陸軍は近代の象徴だから守らなければならない。ところが一九九八年では、そのようには受け止めていない、だから、クライスラーをさっさと売却したわけです。

クライスラーなど企業の売却が進めば、どんどんとニュー・キャッシュが入ってきます。カルロス・ゴーンが日産に来て、「リストラによる企業再生にとって大切なのはニュー・キャッシュだ」といったそうですが、それと同じなんです。つまりアメリカはニュー・キャッシュが欲しくて、「強いドルは国益だ」と宣言したのでしょう。

経済が大きく変わるとき、企業がそれに対応するには、巨額なキャッシュが必要です。そのキャッシュをどうやって大量に調達するのか？　アメリカのすごいところは、国内にキャッシュがなければ、外国のお金を自由に使おうと考えて、それを実行に移してしまうことです。アメリカ人は貯蓄をする習慣があまりないので、ほとんど貯蓄率ゼロです。だから資金の調達を国内に頼らず、「強いドルは国益だ」で、外国人投資家からニュー・キャッシュを引き出したわけです。

つまり、ゴーンが日産でやったリバイバル・プランを、ルービンは国家プロジェクトとしてやったのです。しかも、他人＝外国人のお金を使って。おそらく、経常赤字がマクロで増えることを前提にしながらも、ミクロ重視でアメリカの企業を再生させるというのが、アメリカのリバイバル・プランだったのでしょう。

ルービンには、世界中にマネーが溢《あふ》れていることが見えていたのだと思います。また、それまでのシステムのまま欧米で投資しても儲からないことも知っていたのでしょう。

株価を決める重要な基準のひとつに、一株当たり利益があります。現在、欧米のマーケットでは平均して一株当たり利益の十五〜十六倍までの値で株式が買われています。つまり一株当たり利益が百円だとすると、おおよそ千五百円で株式を取り引きします。ということは、千五百円分の百円が、投資家のものとなります。つまり七％程度。そして欧米のどこに投資しても、一株当たり利益の十五〜十六倍で株式が買われています。

投資家も債券に投資するか、株式に投資するか、判断しなければなりません。ところが株式のリスクを考えると、最低でも債券の利回りに比してプラス五％は欲しい。債券が二％だとすると、株式では七％が、リスクなどを考えるとギリギリの数字なのです。つまり、先進国においては株式も債券投資も、利回りの観点からするとあまり儲からないものになってしまったのです。

資本主義が始まった十七世紀、東インド会社の時代には、六〜七割のリターンがあったといわれています。

ルービンは極端に低下した投資利回りを、いかに引き上げるかを考え、そのためには、これまでのシステムを一変させなければならないと思ったはずです。これまでの日米両国間の争点であった貿易摩擦を放り投げて、アメリカを「金融情報帝国」化させたのです。いわば、実物経済よりも金融経済を重視する政策をとったのです。

また、それを可能にしたのが、アメリカの市場が、世界でもっとも大きいことと、しかも自由であることです。外国人にも自由に買わせてくれます。これが日本やヨーロッパだと特定の企業を買ってはいけないとか、法律で規制されてはいないにしても、目に見えない障壁というものがあります。

冷戦終結との深いかかわり——島田

自由なアメリカの市場ということを聞いて連想するのが、ライブドアによるテレビ局の買収です。ライブドアは大きな問題を抱えていて、社長の逮捕ということにまで到ったわけですが、テレビ局の買収に動いていたとき、日本には企業の買収ということに関して、いかにさまざまな障壁があるのかがよくわかりました。

アメリカのマーケットの特殊性が、ルービンの「強いドル政策」を可能にしたとのことですが、それに加えて、一九七〇年代から一九九五年にかけての、イデオロギーのバランスの変化も大きくかかわっているように思えます。

さきほど出たレーガンの時代。あの頃は、まさに冷戦の時代です。その冷戦構造が、一九八九年十一月九日のベルリンの壁崩壊で崩れてしまいます。そのとき世界中の人々が西側の、とりわけアメリカの自由主義、資本主義のイデオロギーが勝った、というイメージをもったと思います。社会主義や共産主義の国が崩壊したことで、世界がひとつになるとか、そういうことさえいう人たちもいました。

その意識が一九九五年あたりになると、強まっていたのではないかと思います。そういう意味ではアメリカの信用度が高まり、軍備の面でも冷戦に対応するための拡張の必要がなくなり、お金の動き方が変わったように思えます。冷戦が続いていれば、自動車メーカーなど売れないでしょう。クライスラーは売却できないし、銀行も売れなかったでしょう。

基幹産業においても、冷戦の終結で、ある種の守らなければいけないという状況がなくなりました。だから、どこの国が資本を入れてもかまわないという結論に、つながったのではないでしょうか。

ＩＴ革命がグローバル化を招く――水野

「強いドル政策」が「金融情報帝国」化に不可欠であったように、情報化にはＩＴ革命が欠かせません。これらふたつは、どちらを欠いても成り立ちません。情報のないところに、お金は集まらないからです。

一九九五年にはＷｉｎｄｏｗｓ95が登場して、パソコンが一気に普及しました。それまでは、企業内でパソコンを操作できるのは一部の人間。ところがＷｉｎｄｏｗｓ95によって、社員ひとりにパソコン一台という時代が訪れます。しかも、インターネットが一気に普及して、パソコンとインターネットで国境を越えたビジネスが展開できるようになります。

ＩＴ革命は「強いドル政策」の実現に不可欠だったと思います。ＩＴ革命がなければ、いくら「強いドルは国益だ」といっても、空念仏《からねんぶつ》になっていたでしょう。

ＩＴ革命によって何が変わったかというと、それまでの物をつくってリターンをするというサイクル（資本の回収期間）が、大幅に縮まったことです。一九九五年までは「モノ作り→リターン」のサイクルは、十年と考えられていました。しかし、もはやそのサイクルが限界となっていたときにＩＴが出現。そしてサイクルを大幅に縮め、今までの限界を打破することができるようになりました。
いっぽうで、グローバル化が加速した現在では、「モノ作り」だけでは先進国の人々の豊かな生活を支えることができない、そういった局面さえ生み出されています。後の章で触れますが、これもIT革命に端《たん》を発しています。

冷戦終結とIT、テロリズムの関係——島田

冷戦の終結とIT革命、グローバル化、そしてテロリズムは密接な関係にあります。冷戦が崩壊することで、軍事的なものの多くが解放されました。インターネットだってルーツをさかのぼると、国防用コンピュータのネットワークにあるし、コンピュータそのものも、軍事と深いかかわりをもっていました。冷戦が終結しなければ、今日のIT革命はなかったでしょうし、グローバル化も進まなかったでしょう。

オウム真理教のサリン事件の背景にも、冷戦の終結があります。彼らがロシアに行ったからこそ最終的にサリンを製造し、使用するに到ったわけで、国内だけで展開していたら、あそこまで大きな事件は起こしていなかったのではないでしょうか。サリンを大量生成しようとした第七サティアンは、カザフスタンの化学工場の図面をもとにつくられたという指摘も

あります。

彼らが武装化の方向に向かうのは、一九九二年にロシアに行ってからのことです。一九九一年に起きたソ連のクーデターをエリツィン一派が鎮圧、同年十二月二十六日に、ついにソ連は崩壊します。その翌年のことですから、ロシアはすさまじい混乱状態にありました。いろんな情報だけではなく武器さえ市場に出回っていた。それに乗じたのが、オウム真理教です。

このロシア進出によって、彼らは民間の一宗教団体から、国際的なテロリスト集団へと発展を遂げていった。しかも、それまでの国際的テロリストとは性格が違う。テロ集団でありながら、あれだけ能力のある優秀な人材を集めることができたのは、おそらくオウム真理教が初めてでしょう。あれだけの人材が集まったら、どんな集団でも相当のことができますよ。人材のレベルからすると、アルカイダとは比べものになりません。オウム真理教のほうが、はるかに高いのです。

オウム真理教はコンピュータも早い段階で導入していました。インターネットが普及する以前に、すでにパソコン通信を駆使していましたし、秋葉原での安価なパソコンの販売でかなりの資金も稼いでいました。

今まで、凶悪な事件を起こし死刑になる人たちは、中学校卒、高校卒といった学歴の人がほとんどでした。しかしオウム真理教の信者たちの死刑が確定することで、大学、大学院卒の死刑囚が生まれようとしています。低学歴や貧困を原因として、犯罪を犯すのとは違うタイプの人たち、エリートと呼べる人たちが死刑囚になるのです。そこにテロリズムの犯罪としての特殊性があります。

アメリカでの同時多発テロ「9・11」の場合にも高学歴の若者が含まれていました。その面では同質ですが、ハイジャックという手段と比較した場合、化学兵器の製造と使用は、はるかに深刻な事態です。その背景に、高学歴の信者の存在があることは間違いありません。

オウム真理教は多数の死傷者、犠牲者を出しましたが、本来の計画はサリンを大量に散布することで、東京を大混乱に陥れることにありました。その面では、彼らの計画は失敗したともいえます。もし、大量散布に成功していたら、悪夢のような事態、地獄のような事態が起こっていたはずです。

アルカイダについては、ITのこともあります。

もともと、アルカイダはテロ集団というよりは、テロネットワークの色合いを強くもっています。これはイスラムの世界がネットワーク社会であることも影響しています。ビンラディンを頂点としたテロ組織ととらえられがちですが、それでは実体からずれてしまいます。

そのアルカイダが駆使するのが、インターネットです。プロパガンダも犯行声明も、ウェブサイトを通して世界に流されます。

また、インターネットの情報は真偽をたしかめることが難しく、ビンラディンの映像が流れたとしても、それを追いかける側は混乱してしまいます。さらに世界のどこにいても、インターネットでアルカイダ系のウェブサイトにアクセスすれば、テロを実行するために、どこで何をすればいいのかを知ることができます。

冷戦の終結によって生まれたＩＴは、経済を変えたかもしれません。そしてテロリズムも変え、経済や政治、宗教を含む世界の構造さえ変えたのだと思います。

「投資会社アメリカ」の鉄則——水野

「強いドル政策」で、アメリカは「投資会社アメリカ」として宣言をし、国境を越え自国の意図が世界中におよぶほどの力を手に入れようとしました。会社に定款《ていかん》があるように、投資会社アメリカにもふたつの定款、つまり基本規則があります。

ひとつは「経常収支赤字が成長の制約にならないようにする」です。そのためには、経常赤字を上回る世界のマネーを、アメリカに流入させる必要があります。

もうひとつは「アメリカの対外資産価値の増加」です。経常赤字が増加して累積経常赤字（＝累積赤字）が増大しても、その年の十二月三十一日時点で、アメリカの対外資産価値が増大していれば、時価評価した対外純債務は増えることはないのです。

先進国に対して構造改革を要求すれば、アメリカが保有する対外資産価値は上がります。そして、経済成長の期待の高い、ロシアやブラジル、インド、中国といったＢＲＩＣｓ諸国などへ投資することによって、高いリターンが期待できます。

また、対外資産価値が増大すれば、アメリカの対外純債務が膨れ上がることもなく、外国人投資家は安心してドル投資をすることができます。

「海外からのマネーの流入→近代化が進む国への投資→海外からのマネーの流入」といった循環システムで、アメリカは潤い、アメリカに投資する海外の投資家も利益を享受できるわけです。実際、アメリカの対外証券投資は二〇〇三年から急増しています。ちょうど、中国が二〇〇一年末にＷＴＯ（世界貿易機関）に加盟して、先進国とＢＲＩＣｓの市場統合が加速した時期です。

アメリカ国民の生活水準は、ルクセンブルクなどの小さな国を除けば現在でも世界一位です。「経常赤字（貿易赤字）＝マイナスの外需」は、アメリカの国民が自国の生活水準以上の生活を享受している証明です。このシステムを構築できれば、現在の生活レベルを維持でき、さらに高めることができます。

しかも、投資会社アメリカの場合、アメリカに投資する海外の出資者の多くは米債券保有者で、いわばモノをいわない株主です。逆に投資会社アメリカがアジアなどの企業に投資する場合、株式を多く保有しているので、配当性向やROE（株主資本利益率）をさらに上げろなど、モノをいう株主と化すのです。

アメリカが優位に立つ「マネー集中一括管理システム」の完成過程は、大きく三段階に分けることができます。

第一期は、一九九五年から二〇〇一年九月十一日の同時多発テロ「9・11」の直前まで。この時期、ルービンは「強いドルは国益だ」と繰り返しています。それは「マネー集中一括管理システム」に対する外国人投資家の信認が、十分ではなかったからです。ルービンは発言を繰り返すことで、外国人投資家に少なくともドル資産を購入すれば、「ドルの目減りはありませんよ」というメッセージを送ったのです。

この時期はネットバブルで、株価が急騰した時期でした。そのため、外国人投資家はアメリカへの直接投資、すなわち、アメリカの企業を積極的に買収することで、アメリカに資本が入ってきました。

「9・11」でアメリカは不況に陥ります。対米証券投資に急ブレーキがかかり、外国民間資本の対米投資が、二〇〇〇年をピークに大幅に減少してしまいます。この時期が第二期ですが、この危機を救ったのは、日本のドル買い介入でした。累計三千二百億ドル、日本円にして四十二・二兆円ものドルを買っています。

日本のドル買い介入は、アメリカの経常赤字の四十二％に値したというのですから、日本は投資会社アメリカへの公的資金注入の役割を果たしたようなものです。それでも第一期に比べると、アメリカの対外投資は大きく減少しています。

そして、第三期が二〇〇四年以降。世界の投資家から、投資会社アメリカはすぐれた投資銀行として認められるようになります。ＷＴＯに加盟した中国の近代化と一体化し、また住宅ブームを中心とした消費ブームに後押しされ、アメリカの成長率は先進国のなかでもっとも高いものとなっています。

この第三期は、アメリカの住宅バブルで、住宅価格が年率で二ケタに達する値上がりをしていた時期です。この影響もあり、外国人投資家は高利回りの、アメリカの証券化商品を大量に購入していました。

しかしこれも二〇〇七年まで。サブプライムローン問題が、その後、投資会社アメリカを土台から揺るがすことになるのです。

アジア通貨危機は仕組まれたのか——水野

アメリカという国は、資本にとって有利であれば、他国に対して、あるいは自国民に対してマイナスとなることでも、平気でやるような国ではないかという気がします。そのひとつに、アジア通貨危機があったと私は考えています。

アジア通貨危機は、一九九七年七月、タイに端を発し、アジア各国で急激な通貨下落を招いた現象です。ご存じのように、この現象は東アジアや東南アジアの各国経済に多大な悪影響を与え、さらには、世界的な金融危機、経済危機を招きました。

ではアジア通貨危機のときに、水面下でいったい何が起きていたのか。

一九九七年の時点で、アメリカのほか、タイなどアジア諸国も世界のマネーを欲しがっていました。アメリカは、自国のリバイバル・プランのために。そして、アジア諸国は近代化を図るためにです。両者は競合する立場にあったのです。

一九九〇年からアジア通貨危機が起きる一九九七年までのあいだ、ASEAN諸国の貯蓄・投資バランスは、GDPの三十一%を貯蓄してGDPの三十四%を投資していました。つまり、三%の投資超過（=貯蓄不足）でした。その不足分を、アジア諸国は外国から取り入れていました。ところが一九九七年になると、タイからアメリカ資本が引き上げてしまって、経済に大混乱をきたしたのです。

アジア経済が大混乱して設備投資が大きく落ち込みました。でも、家計は将来が不安だから、貯蓄は維持します。結局、貯蓄率は同じ三十一％で変わりません。ところがアメリカ資本が引き上げた影響で、外国資本は逃げてしまいます。対ＧＤＰの投資比率が三十四％から、一九九九年には十七％にまで低下し、その後、回復はしましたが、それでも二〇〇三年以降は二十％に戻っただけです。そして、一九九八年以降は貯蓄超過となり、ＡＳＥＡＮ諸国は資本輸出国となり、それが最終的にはアメリカに向かったのです。

結果的にアメリカの一九九六年と一九九八年を比較すると、アジア通貨危機をはさんで経常収支赤字が大幅に増えています。つまり、それだけ外国資本の流入額が増えているということです。それはアジアからの資本流出額とピッタリ合致します。

アメリカはマネーが世界であり余っているのを知っていた。これを独り占めしなければいけないが、アジアも世界のマネーを欲しがっている。では、アジア諸国を蹴飛ばすにはどうしたらいいのか？　アジア通貨危機を起こして、アジアの貯蓄を全部アメリカに頂きましょう、というのがシナリオだったと私は見ています。

アジア通貨危機のとき、経済が破綻すると、たとえばタイであれば、ストックとしての金融資産残高は減少します。だからこそ国民は、フローの概念である貯蓄率を維持しようとするのです。いっぽう、海外に流出した資本は戻ってこないので、国内での投資が落ちたままになってしまう、ということなのです。

タイでも企業は倒産しましたが、潜在的な経済発展力はあるので、一〜二年で経済は回復しました。しかし、世界の工場が中国に移ってしまったので、アジア諸国は輸出主導で景気が回復するようになりました。

中国は、当時一ドル八元ほどですから、実力以上に安いことになります。日本で一千億円で自動車工場をつくるとしたら、中国ではたとえば五百億〜六百億円で同じ工場ができる。しかし、東南アジアあたりでは、ある程度の為替調整ができているので、日本で一千億円ならば、東南アジアでは日本と同額ではないにしても、中国に比べるともっとお金が必要になります。

韓国もその余波を受けて、ＩＭＦ（国際通貨基金）の支配下に入り、銀行も外資系に買われて再生しています。それもかなりの数です。金融を支配することで、米国にお金を還流させることができる。うまくできています。お見事としかいいようがない、マクロ国家経済政策です。

また、アメリカは特殊な国家です。

一九九七年頃から、先進国の企業は貯蓄超過部門に変わりました。もともと家計は貯蓄部門ですから、家計、企業ともに貯蓄超過部門となります。そして、先進国は小さな政府を志向していますから、政府部門も投資超過を減らす方向にあり、国全体としてみれば、原則として貯蓄超過経済なのです。

しかしアメリカだけは違います。企業だけは再生して黒字でも、海外から物を買うので家計部門は赤字なのです。米国国民は実力以上の生活ができ、かつアメリカの投資家はアジアの近代化の成長の果実を受け取ることができたのです。

人類が経済を制御できなくなっている——島田

これまでの話を振り返ると、冷戦が終結し、東西の壁が崩れ、旧社会主義圏も市場経済を取り入れることでグローバル化が進行し、そこに冷戦の終結と関連するIT革命が起こり、その動きをいっそう加速させた。その流れのなかで一九九五年が訪れ、アメリカが国そのものを投資会社化し、資本主義経済のルールを変えた、ということになります。

その点では、アメリカの思惑通りにいっているかのように見えます。ところが、二〇〇七年になるとサブプライムローンの問題がアメリカを揺るがしています。しかも中国はすさまじいほどの経済発展を遂げ、かたやオイルマネーを武器に中東圏が経済的に台頭している。サブプライムローンの問題では、中東の政府系ファンドがアメリカの代表的な金融機関に資金を注入したほどですから。

また、日本国内に目を向けると超低金利が続き、世界の頂点を極めた日本が儲からない国となり、一億総中流といわれたことも過去のことになって、社会の二極化、格差が広がっている。

とにかく世界経済を見渡すと、コントロールできない何かに振り回されているのではないかと思うのです。

サブプライムローンの問題も突然吹き出したのではなく、じつは問題の種子はかなり前の時点でまかれていたのでしょう。一九九五年にアメリカが資本主義のルールを変えたということでしたが、変わったのは本当にそれだけだったのでしょうか。

一九九五年に変わった経済のバージョン――水野

私は経済のバージョンそのものが、変わったのではないかと考えています。

資本主義では、農業生産を重視する十八世紀後半の重農主義という考え方が登場し、商業を国家産業の中心に置いた重商主義、自由な経済活動を重視した自由主義、そして、軍事力を背景に市場を獲得したアメリカ型の帝国主義という流れをたどってきました。

しかし帝国主義は、一九七三年のベトナム戦争・パリ和平協定で終止符を打ちます。その後、登場するのはサッチャーやレーガンが掲げた新保守主義ですが、やがてグローバル化の時代が訪れ、経済の単位で企業が国家の規模を超える、つまり国家の存在を抜きにして、経済が大きく動き始めてしまいます。

資本主義も重農主義がA、重商主義がB、自由主義がC、帝国主義がDと段階を踏み変化してきました。グローバル化以前であれば、国と資本が一体化したひとつの単位になっていました。ところが、経済の単位で見れば企業が国家の規模を超えた瞬間に、Dに続く延長線上には何もなくなってしまった。「国と資本の一体化」の大前提が崩れた瞬間に、経済のバージョンそのものが変わってしまったのではないかと考えるのです。

ただ、資本主義のあとに続くもの、グローバル時代の資本主義に、まだ名前はないのですが……。

次に来るものは「資本主義2・0」——島田

冷戦構造の崩壊は資本主義の社会主義、共産主義に対する決定的な勝利のように見えましたが、それはじつは幻影だったのかもしれない。そして資本主義そのものが「消費期限切れ」を起こしています。

ところで、資本主義のあとに続くものに名前がないのならば、この本ではそれを「資本主義2・0」と呼ぶことにしてはどうでしょうか。資本主義の発生から一九九五年までが「資本主義1・0」。重農主義が1・0aならば、重商主義は1・0b。そして一九九五年以降が「資本主義2・0」です。

生まれたばかりの「資本主義2・0」はまだまだ不安定で、人間のための経済に到っていません。それが、われわれを漠然とした不安な気持ちにさせている。「これはどうも、これまでと違う」「何かが変わってしまったのに、その実体が見えない」という不安な気持ちに。

おそらく荘園制社会に生きてきた人たちが、資本主義の時代に突入したときも、同じような気持ちだったのではないでしょうか。荘園制社会には、強固な支配、被支配の関係がありましたが、誰もが、それに代わる世界はないと思っていたわけですから。

ただ人間はその後、資本主義、この本でいうところの「資本主義1・0」の世界で生きざるをえませんから、資本主義がもつ暴力性、危険性をなんとか飼い慣らす方向につとめてきました。

その過程では、資本主義を批判する一大勢力として社会主義を生むことになったけれども、資本主義は計画経済の手法を取り入れることでその弱点を克服し、最終的に社会主義に勝利しました。ところが、勝利した瞬間に、グローバル化とIT革命という大波に襲われ、一挙に事態は変わってしまい、世界そのものの存立構造までが変化してきた。まさに「資本主義2・0」が到来したのです。

私たちは、この「資本主義2・0」がいかなる性格をもつものかを明らかにし、その矛盾や問題点を明らかにすることで、それを、人間のための経済に変えていかなければならないと思います。どうやら、事態はそこまで深刻なものに到っているのではないでしょうか。

第二章　マルチ商法国家の脅威

「借金」を返さない国の論理――水野

アメリカの経常収支赤字は、二〇〇六年についに八千億ドル（九十四兆円）を超えてしまいました。

先進国を見ても、日本は毎年、経常収支黒字を積み上げ、ドイツでは一九九〇年代は経常収支の赤字基調が続いたものの、二〇〇一年以降、ふたたび黒字が続いています。イギリスとフランスが赤字ですが、いずれにしてもアメリカよりは一ケタ少ない。また、中国やロシア、中東を見ても経常収支は黒字です。

二〇〇六年のアメリカの経常赤字はＧＤＰ比にして六・二％という、巨額な赤字です。それを考えても、いかにアメリカが、世界中から借金をして物を買ってきたかがよくわかります。

輸入超過分だけを対外純債務として毎年積み上げていきますから、アメリカの対外純債務は二〇〇六年末時点で二・五四兆ドル（対ＧＤＰ比で十九・二％）に達しています。一九九四年末にはわずか三千二百三十億ドル（同四・六％）でしたから、いかにこの十年強のあいだにアメリカが外国から物を買い、借金を積み上げたかがわかります。

基軸通貨国が、これだけ対外純債務を抱えているというのも、これまでの常識では考えられないことです。だからこそ、「赤字のどこが悪い」と主張することになるわけです。

一九九五年のルービンの「強いドルが国益だ」は、いわば「借金を増やすぞ！」という宣言です。また後任の財務長官であるローレンス・サマーズは、二〇〇二年に「アメリカの経常赤字は借金ではない」といっています。

アメリカにしてみると「赤字は債務ではないから返す必要がないし、返すつもりもない」というわけです。

二〇〇二年あたりになると、外国人投資家はアメリカで、債券よりも、転換社債や公募増資などエクイティ部門を増やしていきました。

債券はいつか返さなければいけません。しかし、エクイティは株式資本の増加につながる資金調達ですから、利益を上げ、それを投資家に配当で還元すればそれでいい。アメリカにしてみれば、自国の企業に競争力がある限り利益を還元できるのだから、外国人投資家は逃げないだろうと考えたのでしょう。

実際にアメリカの対外債務に占める株式の割合は、高くなっていたのです。それで自信をもちはじめ、サマーズは「これは借金ではない」といい切ったのだと思います。

非常識の領域に突入したアメリカ――島田

国家そのものを投資会社化してしまい、そのためにはいかなる仕掛けも辞さないアメリカ。その実態を知れば知るほど「常識では考えられない国」だと思えてきます。ここでいう「常識では考えられない」はほめ言葉でありません。「非常識」だということですね。

サブプライムローンの問題を見ていて、私が連想するのは悪徳商法の代表である「マルチ商法」です。マルチ商法は、まず無限に富が生まれることを前提にして運営されています。なぜ、それが可能かというと、会員が増えて、新しく入った会員が払ったお金を、すでに入会していた会員に還流するからです。マルチ商法は、最初は必ずお金が儲かる仕組みになっています。

最初に入った人は、自分が勧誘した会員がさらに勧誘した孫の会員から、月々必ず収益が入ってきます。会員が増えている限りお金が入ってくるから、最初は調子がいいのです。しかし、会員はある程度の数になると増えなくなってしまう。それによって儲からない人が、どんどん増えて崩壊してしまいます。

このマルチ商法の仕組みはバブルと同じです。意図的にミニバブルをつくるのが、マルチ商法だともいえます。

サブプライムローン問題に行き着いたアメリカのやってきたことは、これにかなり近い。水野さんは、早くから、アメリカの住宅価格の高騰《こうとう》がアメリカ経済を支えていることを指摘されていた。ですから、水野さんが出しているレポートの読者にすぎなかった私でも、これはいつか破綻《はたん》するなということが事前にわかっていた。

サブプライムローンは、低所得者向けの融資が大きな比重を占め、住宅ローンの内容は日本とは比べものにならないほどひどい。こんなもの「返せるわけがないじゃないか」、というのが私の素朴な感想でした。

なぜそんなむちゃなローンが横行したかといえば、住宅価格が確実に上がるということが大前提になっていた。その大前提が少しでも崩れたらすべてが崩壊する。そんなことはわかりきったことのように思えるのに、アメリカは返済ができない人にまでローンを貸し付けるという禁じ手を許してしまった。では、なぜアメリカは、こんな非常識な領域に突入してしまったのでしょうか。

これまでの常識がまったく通用しない――水野

主権国家の観点、あるいは資本と国家が一体化した「資本主義1・0」の観点でみれば、非常識なのでしょう。しかし、島田さんのご指摘の「資本主義2・0」の視点からみれば、ひょっとして新しい常識なのかもしれません。

ルービンが財務長官に就任し、一九九五年からの十年間あまりは、「資本主義1・0」では非常識だったことを、「資本主義2・0」でうまく機能させたのは、新しい常識をつくったからです。その約十年間において、最初はネットバブルを起こしました。

アメリカのネットバブルは一九九六年末あたりから始まり、二〇〇〇年の九月にインテル・ショックが起きて崩壊しています。

一九九六年にニューヨーク株式市場で、株価が六千ドル台ぐらいまで上がりました。これに懸念を抱いた当時のＦＲＢ（連邦準備制度理事会）議長のアラン・グリーンスパンが、「根拠なき熱狂」と警告を発したのです。グリーンスパンはエコノミストであり、一九八七年のブラックマンデーをＦＲＢ議長として見事な金融政策で乗り切り、いまだアメリカで高く評価されています。

グリーンスパンは「根拠なき熱狂」という表現で「マーケットが資産価格を不当に高騰させており、いずれ暴落するだろう」といいたかったのです。また、おもしろいことに彼は「価格の高騰は、過去日本で起きたように突然反転し、長期間にわたり下落する」ともいっています。彼の目には「日本の転倒性」が映っていたのでしょう。

ネットバブルがピークを付けた二〇〇〇年一月十四日には、一万一千七百二十三ドルまで株価が高騰しています。グリーンスパンは一九九七年五月には、態度をコロッと変えています。「根拠なき熱狂」といったはいいが、株価は上がり続けているわけで、議会で「百年に一度の技術革新だ」と証言したのです。これでFRB議長のお墨付きをもらったわけです。

その頃は強いドルとリンクしていましたので、外国人投資家はアメリカのネット企業をどんどん買います。それに飽き足らず、銀行や自動車メーカーも買い続けます。外国人による株式投資ですから、ドルもますます強くなっていきます。ところが、二〇〇〇年の九月にネットバブルははじけます。

インテルが決算発表の日に増益見通しを出したのですが、ヨーロッパの市場で弱いユーロで稼いだ利益をドル換算したら、利益が縮んでしまった。増益は達成していたのですが、市場が予想していた増益率に満たない。海外売り上げ・海外利益の高いグローバル企業ほど、連結決算をするとドル高による利益縮小が起こりやすいのです。それがインテルを直撃したのです。

結局、一日でインテル株は二十二％も売られてしまいます。それがきっかけでネット株は全部売られてしまいます。弱い通貨のところでいくら儲けても、ドル・ベースで連結決算すると、みんな利益が縮んでしまいます。競争力を取り戻したアメリカの企業にとって、もはや「強いドルは国益だ」は、利益拡大化の妨げになってきました。強いドルとネットバブルが、そこで終わったのです。

これが先ほどお話ししました、「マネー集中一括管理システム」の第一期の終わりの時期です。ハイテク企業が多く含まれるナスダック総合株価指数は、二〇〇〇年三月十日に五千四十八ポイントで歴史的ピークを付けて、二〇〇二年十月九日には千百十四ポイントへと、七十八％も下落したのです。

これ以降、「強いドルは国益」から「ドルは市場が決める」に、アメリカの経済政策は方向転換します。つまり「マネー集中一括管理システム」の第二期に入るわけです。

そして、ネットバブルがはじけたアメリカが次に始めたのが、サブプライムローンだったのでしょう。今度は住宅という新しい証券化商品をつくり、売りさばいたのです。

サブプライムローンは、信用力の低い人に対する住宅融資のことをいいます。そして、金融機関が保有する貸出債権を証券化して、多数の投資家に売却するのです。利回りは格付けによって差があるのですが、十%弱から、高いものは十五%ほどもあります。それをヨーロッパの投資家などが買うわけです。

利回りがいいのはたしかですが、内容が悪いにもかかわらず、格付け会社はトリプルAをつけているのです。そこがアメリカのうまいところですが、どうにも質《たち》の悪いものだと、私は感じました。

マルチ商法国家に成り下がったアメリカ——島田

にもかかわらず、また「会員」が集まってくるわけですよね。ネットバブルでこりたはずなのに、今度は証券化商品という装いを変えたものが出てくると、そこに投資家が群がる。

この繰り返しもマルチ商法と同じです。マルチ商法にひっかかる人の多くは、以前にもマルチ商法にひっかかった人たちです。常連さんがいつも周期的に「今度こそ、儲けるぞ！前の損を取り戻すぞ！」とばかりに、新しいマルチ商法に参加します。仕掛けるほうも投資するほうも、基本的なメンバーは、いつも同じなのです。

かたちさえ変えれば何度でも繰り返されていきます。ごく最近も「円天」というマルチ商法が流行し、たくさんの人がだまされてお金を失いました。円天というのは新しい通貨で、永遠に減らないと宣伝されていた。そんなものなんてあるわけがない。ひと目でわかりそうなものに、やはりひっかかってしまう人は、ひっかかってしまう。

マルチ商法をやっている人間は、まるで裏づけがあるかのようなことをいいます。アメリカのやっていることも、あたかも最新の経済学の裏づけがあるかのように宣伝されてきましたが、本当に根拠のあることだったのかは、かなり怪しいですね。

マルチ商法の場合、ピラミッドの頂点にいて仕掛けた人間は、半面は覚めた目で見ていて、意図して人をだましているわけですが、自分もまた、これならうまくいくのではないかと思い込んでいるという、一面もあります。新しい会員がとぎれるから破綻するのであって、よりうまい仕組みをつくり、会員が途切れずに増え続ければ、破綻などしない。自分自身そのように思い込んで、そこで「根拠なき熱狂」にはまり込んでいくのです。

アメリカのルービンやグリーンスパンも、結局は同じような状況にはまり込んでいったのではないでしょうか。そこが人間の心理の複雑なところでもあり、おもしろいところでもあります。

それも世界的なカネ余りがあるからこそのことで、投資先がなかなか見つからず、危なそうなものでも、飛びついてしまう。そして集中した投資によってバブルが生み出され、それが潰《つぶ》れると、今度は違う投資先を探しだし、債券化を試みたり、格付け会社がトリプルAの格付けをやったりして、お客をあおって、あげくの果てに破綻する……。これはマルチ商法以外の何ものでもないですね。

ところで、サブプライムローンのバブルがはじけるという認識は、アメリカのマーケットになかったのでしょうか。

サブプライムローンの尋常ならぬ構造——水野

二〇〇七年に、ある金融関係者は「アメリカも去年の夏から地価が下がっているから、アメリカ系の証券会社はまずいと感じているようだ」と話していました。また、アメリカの投資銀行が、身ぎれいにしてバブル崩壊の衝撃を避けるために、一年かけて証券化商品を積極的に海外の投資家に売ろうとしているというのです。

ただし日本の銀行や投資家は、自国の土地バブルでこりているから手は出しません。損失はありましたが、直接的な購入はあまりありません。だいたい、三十年ローンなんて聞いたら、その瞬間に「ノー、サンキュー!」です。しかも、アメリカの土地ですからね。

ところがヨーロッパの投資家は日本の一九八〇年代のようなバブルを経験していないので、初めてなわけですから、多くの投資家が買ってしまいました。

アメリカの投資家が逃げ切ってヨーロッパに回し、そこで爆発させたのではないかという話もあるほどです。そして、逃げ切るための準備期間が一年間だったという……。本当かどうか、たしかめようはありませんが。

日本の金融機関が計上したサブプライム関連損失は、六千億円（二〇〇七年四〜十二月期）に対して、欧米の金融機関は十三兆円と巨額の損失をこうむりました。おそらく損失はもっと膨らむと予想されます。米住宅価格の下落がこれから拡大し、地域的にも広がるからです。日本の「失われた十年」で、日本の金融機関が不良債権処理に費やしたのは結局、百兆円にも達しました。これを見ても、欧米が日本のあとを走っているのがわかります。

サブプライムローンを利用している人の多くは、融資を受けた段階で年収の五割を元利返済、借金返済にあてています。あるいは、過去にカードローンの支払いがとどこおったりして、お金を借りるにしても信用度が低い人たちです。

また、サブプライムローンを利用して家を購入した人は、年収では二百五十万円程度と低所得者層と重なっているのですが、それだけではありません。年収四百万〜五百万円の人も利用しているといわれています。

サブプライムローンの選択肢のひとつに、インタレスト・オンリー・ローンというのがあります。これは最初の二〜三年は元本の返済が不要で金利が低く抑えられています。ところがこの期間が終了すると元本返済が始まるので、月々の返済額が、たとえば二倍とかに跳ね上がるのです。

最初の二～三年は支払うことができても、数年後、低所得者が跳ね上がったローンを支払うことが困難になるのは目に見えている。にもかかわらず、なぜ、こんな無理な話が通ったかというと、二～三年後に住宅価格が必ず上がっているという前提で話を進めたからです。

また価格が上がっていれば、支払いが難しくなっても、転売すればお金を手にできます。さらに収入が増えていたり、二年間ローンの支払いがとどこおらなければ、「Ａｌｔ《オルト》－Ａローン」に切り替えて、金利を下げることができます。

でも、現実的に考えると、低所得者の生活が数年後に劇的に好転して、所得が増えているとは想定できません。「インフレがすべての怪我を治す」という「資本主義１・０」の時代は終わったのですから。だから、違うローンに切り替えればいいなどという理屈は、成り立たないのです。

となると、必然的に住宅価格の上昇に期待するしかなかったのですが、上昇どころか、二〇〇六年夏から住宅価格は下落してしまいました。

そして、サブプライムローンの次に出てきたのが、資源関連の商品です。世界経済はアメリカに頼ってきたのだから、アメリカがダメになるのならば、世界的にダメになるだろうと、通常は考えます。でも市場では、そう考えるのは少数派なのです。

ＢＲＩＣｓと呼ばれるブラジル、ロシア、インド、中国は、近代化のさなかにあるエネルギー消費大国です。だから、なおさらこれからエネルギーの需要は高まる。彼らはそうにらんで、新たな商品を考え出すのです。ちなみに「アメリカがこけてもＢＲＩＣｓはこけない」というコンセンサスを持つ現象を「デカップリング（非連動性）」と呼びます。「デカップリング」の「カップリング」は「同じ動きをする」の意味です。「デ」は否定の意を持つ接頭辞です。「アメリカはサブプライムローンでこけたが、『デカップリング』の理論で考えると、ＢＲＩＣｓ関連は逆に儲かります。だから世界経済はだいじょうぶです」となるわけです。ほかにも「今度はゴールドだ」と金《きん》相場を推す人もいます。

食い物にされる個人投資家たち――島田

マルチ商法の場合には、数年おきに新しい手口が出てくるわけですが、現在の経済の世界では、次々に根拠のあやふやな理論が持ち出されて、とにかく投資をあおっているということですね。

こうした実態を見ていると、今の人類は異常なほどのカネ余りに振り回されすぎているように思えます。使いようがないお金が潤沢《じゅんたく》にあり、にもかかわらず投資する先がないから、投資先があたかもあるかのように、新たにつくり出されていく。その際には希少性が重要だから、必ず少ないところのものへ向かうわけですよね。だから、埋蔵量に限りがあり、供給の制約がある原油に向かっていき、次には代替《だいたい》エネルギーや金《きん》に向かっていく。

マネーゲームとかギャンブル資本主義という言い方がありますが、むしろマルチ商法型資本主義としてとらえたほうが、いいかもしれません。

しかも失敗する人の多くは、お金持ちではなく普通の人たちです。さらに困ったことに、投資に参加しない人も、大きな影響を受けます。バブルとその崩壊が繰り返され、会社の業績が悪くなれば、リストラは上からでなく下から始まりますから。

現在の金融市場においては、個人投資家の置かれた状況は、大口投資家に比べてはるかに不利です。個人投資家は資金が少ないので、大きな変動が起こったときに耐え切れません。損を出したあと、底値のときに買うお金がないからです。大口投資家だったら、損しても底値で買い、損を取り戻すことができる資金力を持っています。

私は個人投資家が、ＦＸ（外国為替証拠金取引）に積極的に投資しているという話を聞いて、これは危ないなと思ったことがあります。しかも、彼らは信用取引でかなりの額を投資していました。たしかにＦＸはハイリターンではありますが、同時に大きなリスクを背負わなければなりません。

外国為替相場がどのように変化していくかは、たとえプロでも予測ができない。それでも個人投資家がFXで儲けられたのは、たまたま円安基調が続いていて、その方向にしたがっていればリターンを得ることができる状態になっていたからです。でも、ずっと円安が続く保証はないわけで、ひとたび円高基調に変わったときに逃げ切れないと莫大な損失を出し、しかも損失を取り戻す資金までなくなる。実際に、そういったことが起こりました。

老後の人生設計を考え、退職金をFXに投資した人もたくさんいます。でも、失敗してしまうと、もう投資した金は戻ってこないケースが多いわけです。戻す術《すべ》は何もない。この点でも、マルチ商法にひっかかった場合と同じです。

FXに投資する人は、マルチ商法にひっかかる人よりも学歴や教養はあるかもしれません。しかし本質的には、それほど違いはない。どちらにひっかかるか、ということだけであって、原理は同じではないかと思います。

今の時代は、とくに低金利という状況だから、お金を銀行に預けても増えるのは微々たる額です。また、賃金も上がらないという現実があります。ならば、大きく儲けることを考え、高い利回りをうたっているものに投資してみたくなる。庶民は、その誘惑に負けて、投資し、それで資産を失う。失ったぶんは、誰かの懐《ふところ》に入る。それは大口の投資家だったり、投資会社化した政府だったりする。そこに、「資本主義2・0」の世界における新たな搾取の構造が生み出されている。そういうとらえ方ができると思います。

金融経済に振り回される実物経済――水野

資本力があるところが、その力を使うことによって世界を動かし、資本の流れをつくり上げて、自分の利益になる方向へ持っていく――。そういった構造が、できあがっています。しかしその犠牲になるのは、ほかの国の企業であったり、また家計、とりわけ被雇用者なのです。

一九九五年、ルービンの「強いドル政策」までは、経済において金融経済は黒子役でした。そして、雇用など実物経済を犬の頭にたとえ「犬の頭（実物経済）が動けば尻尾《しっぽ》（金融経済）が動く」というのが、経済における教科書的な言い方でした。

ところが、現在では、尻尾（金融経済）がバブル崩壊したことで、それに雇用という、いわば頭（実物経済）を合わせてリストラする、といった状況にあります。金融の事情でリストラが始まる、そんな因果関係が逆転した構図が、できあがっています。

また、財・サービス活動としての経常収支赤字が先に動いて、それを事後的に資本の流れで資本収支が経常赤字に見合うだけ入ってくる。原因はあくまで経常赤字（いわば実物経済）であって、結果として資本収支（いわば金融経済）があるとされていました。

しかし、ルービンによる一九九五年の「強いドルは国益」宣言は、「アメリカのファンダメンタルズは強いから、外国人が好きこのんでドルを買う↓好きこのんでドルを買うから、資本が入ってきてドルが強くなる↓ドルが強くなるから、アメリカ人は強いドルで輸入をする↓アメリカの経常赤字が増える」といった趣旨となります。

つまり、因果関係を覆したわけです。外国人がドルを買うからアメリカの経常赤字が増えるのであって、アメリカの経常赤字は外国人のせいなのだと。だから「赤字が増えて何が悪い」となるわけです。

インテル・ショックにしても、売れ残りの在庫の調整が引き起こしたのではなく、為替レートの著しい変動（資産ショック）が、利益の縮小を引き起こしています。為替は資産（たとえばドル資産）と資産（たとえば円資産）の交換比率ですので、この比率が大きく変動すること自体が、資産ショックとなります。アジア通貨危機にしても、アメリカの資本が国外に流出したショックが原因です。

金融経済が実物経済を振り回す状況下では、何か資産価格が上がる要素がないと、投資家をひきつけられません。たしかに島田さんの話にあるように、マルチ商法と同じなのです。

サブプライムローンも同様であり、外国の銀行などがひっかかってしまったのです。

経済破綻のドミノ倒しは防げるのか——島田

一九九五年にアメリカが仕掛け、経済のルールを変えたのだとすれば、一見するとアメリカは勝者のように見えます。しかし、アメリカのやり方自体もグローバル化してしまい、ほかの国もまた、同じ手段を用いるようになってきている。

おそらく中国の株価の高騰も同じだと思います。中国の株価はものすごく上がって、時価総額が石油会社で百兆円となったと聞いています。中国でいちばん大きな銀行である中国工商銀行は、サブプライムローンの影響を受ける前にシティバンクを抜いて、時価総額が世界一になった。バブルの時期には、日本の銀行が軒並み世界の上位に入っていましたが、それと同じことが中国で起こっています。

ただ、これらの企業のほとんどは国有で、市場で取り引きされる株は、全体の二%程度です。それゆえ、実質的な時価総額とはかけ離れ、しかもそれが、実力をわかりにくくしています。

これは、「張子《はりこ》の虎」みたいなものですね。それは今、中国にお金が流れていることを意味しているだけです。急激に強くなったということは、むしろ構造的な弱点を抱えている危険性があります。長期的に考えると、たとえ中国であろうと、必ずバブルははじけてしまう。そのときには時価総額世界一の銀行だって急激に力を失っていくことを、予感させる状況です。

それを中国の銀行は視野に入れていない。中国の銀行は、驚異的な経済成長が続いているので、自分たちはそれだけの力を蓄えていてもおかしくないと思っています。中国は「バブルははじけない。いまだ開発が十分に進んでいないからだいじょうぶだ」と考えていますが、日本人だって当時、バブルははじけないと思っていたのです。

これまでも経済の世界ではバブルが周期的に起こってきましたが、最近、その周期が短くなりつつあります。以前だったら、前のバブルと次のバブルのあいだにワンジェネレーションくらいの間隔はあったわけですが、日本のバブルあたりから、アメリカのネットバブル、住宅バブルなどといった具合に、周期が相当に短くなっています。

しかも、グローバル化でマネーが簡単に国境を越え、金融経済が実物経済を振り回す時代にあっては、外国で起きた経済破綻の火の粉が、瞬時に自分に降りかかってくる、そういう危険性があります。

今回のサブプライムローンにしても、土地バブルを体験した日本の投資家は危ないと思い、直接的には投資はしなかったでしょう。しかし「私はサブプライムローンを買っていない」といっても、関連商品の債券が下がり、銀行や投資家がダメージを受けてしまっては、その影響をこうむらざるをえません。

バブルもその崩壊も防ぎようがなく、しかも一度崩壊のドミノ倒しが始まると、逃げようがない。今までにない危険な状況が、一九九五年からの「資本主義2・0」の世界では生まれています。しかもそのスピードは加速し、規模も拡大して、恐ろしい事態になってきているのです。

日本の土地バブルのときには、少なくとも低所得者層は対象になっていませんでした。ところがアメリカでは、低所得者＝社会的弱者をターゲットに、しかもかなり悪質な、返済不能にならざるをえない融資を行ってしまった。それは、「禁じ手」以外の何ものでもありません。アメリカは、なぜ、そこまでいってしまったのでしょうか。

アメリカが「禁じ手」を使った理由——水野

アメリカが一九九五年に「強いドル政策」をやった目的は、「資本主義1・0」から「資本主義2・0」へのバージョンアップにあったといえます。実物投資では儲からないから、資産価格の上昇で儲けることを目指していた。しかし、結局それが行きづまってしまいました。

そして貸してはいけない人に手をつける、「禁じ手」を使ってしまった。「不動産は値上がりするから、借金の元利返済が所得の五割を超えている人でも、だいじょうぶですよ」といった、おおよそ無理がある商品を、売りさばいてしまったのです。

返済が所得の五割を超えるような、低所得者への融資が行われ、これがアメリカでは「略奪的融資」として米議会で問題になり始めています。

サブプライムローンにしても、低所得者にお金を貸しても、二〜三年後にはお手上げになるのはわかっていたはずです。低所得者が利払いに困った頃でも、金融機関は住宅ブームが続いていると見込んで、買い取った住宅を数ヵ月後に売れれば、キャピタルゲインを得られると思っていました。でも、予想以上の住宅価格の値下がりが、業者の思惑を吹き飛ばしてしまいかねません。

ハリケーン・カトリーナで住宅を失った低所得者に対してさえ、政府は積極的にサブプライムローンを奨励しました。こういった国家支援は、日本がバブルのときに中曽根民活でリゾート開発を政策的に支援したのと同じです。

こういったところにも、「日本の転倒性」が表れています。だとしたら、これから解決しなければいけない不良債権も、現在、予想されている以上に膨らんでくる可能性がありま す。

日本の土地バブルがはじけた直後の一九九二年に、大蔵省は「不良債権は八兆円」といっていました。それがすぐ十二兆円になって、一九九五年には四十兆円になってしまった。

サブプライムローンの不良債権でも、バーナンキFRB議長が、最大一千億ドル（十一兆五千億円）と発表すると、すぐにIMF（国際通貨基金）が二千億ドル（二十三兆円）に訂正、すると二〇〇七年の十一月にはOECD（経済協力開発機構）が三千億ドル（三十二兆円）と訂正しています。

さらに同じ月に、ドイツ銀行が最大四千億ドルに達するというレポートを出しています。現在は不良債権ではないと認識されている債権も、地価下落が進んで、新たに不良債権が発生する可能性はあります。二〇〇八年四月八日には、IMFが九千四百五十億ドル（九十六・三兆円）に達するとの試算を公表しました。

日本の一九九〇年代、金融機関が巨額の不良債権処理損を出した結果、赤字決算となって、決算発表の場で「これで峠を越えた」と説明していました。しかし、翌年、ふたたび巨額の赤字決算を計上するにおよんで、その理由を「予想外の地価下落」としていました。

バブル期に地価が上昇したとき、好決算の理由に「予想外の地価上昇」を指摘していれば、赤字決算の理由を「予想外の地価下落」のせいにしてもいいのですが。しかし実際は、好決算の理由に「予想外の地価上昇」を指摘することなく、赤字決算の理由としてのみ主張されたのです。

サブプライムローンは意図的な仕掛けか——水野

サブプライムローンについて、誰かが意図的に仕掛けたのか？　そういう見方をする向きもあります。しかし、私は資本主義の性質が招いた動きだと考えています。経済が成熟すると資本の蓄積が進み、その資本を分母とするリターンは、同じシステムを続けていけば、趨《すう》勢《せい》的に低下せざるをえません。低い利潤率を打破しようとして、一線を越えてしまったのでしょう。

サブプライムローンの問題の裏には、資本主義の構造的な問題があったのです。低リターンをなんとか回避したいがゆえに、プロテスタンティズム、つまりプロテスタントの禁欲精神も資本主義の精神も飛んでしまって、貧しい人を蹴落としてでもリターンを上げようとしたのです。そういう強迫観念の力学が働いたのだと思います。すでにそれまでの資本主義は、臨界点に達していたのでしょう。

サブプライムローンの裏に、そういう要因があるという認識は一般的にはまだありません。何が起こっているかということに対して、本質を見つめることができていないのです。対策を立てるにしても、そこまで踏み込まないといけないのに、アメリカ政府は返済繰り延べのような、表面的なことしかやっていません。しかも、政府がお金を出さないという。日本の公的資金の政策よりも、はるかに劣った政策しか立てることができないのです。

五年間低金利を据《す》え置くといっても、サブプライムローンに手を出した人々は、もともとが低所得で、そこから抜け出せないのですから。ましてや、アメリカ社会も二極化しているので、今後、下の人の所得がさらに減る可能性が高いのです。出発時点で成り立たない計画なので、五年たったらもっと成り立たなくなります。アメリカ政府がやっていることは、ダメな政策なのです。

なぜ、そういった政策しかとれないのかというと、すべては目の前のお金のためです。日本も不良債権の処理では、過去一年しか地価が下がったことがないのだから、二〜三年たてば地価が戻る……。だから、後手、後手でもいいからその間をしのげば、地価はやがて上がるはずだ……。そう信じて対処し、傷口を大きくしてしまいました。

アメリカも一九三三年以来、一度も地価が下がったことがありません。それはサブプライムローンを売るときも、宣伝として使っています。しかも証券化という金融工学が入っているので、一般の人はだまされやすいのです。

日本でも住宅金融公庫のゆとり返済期間の五年が終わる時期には、それほど大問題にならなかったと思います。週刊誌は「今年から大変なことになる」と書き立てていましたが、結局、マクロ経済に打撃を与えることはありませんでした。

日本の場合は、ゆとり返済期間が終了して金利が上がっても、上限で所得の二十五％までしか銀行は貸してくれません。日本の比率は元利返済率が二十五％、ちょっと緩んでも三十％なのです。

ところがアメリカは借入時点で五割を超えてもＯＫなのです。日本ならば、頑張って所得の残りの七十五％で生活し、家を手放さないようにできました。多くの場合、それが可能でした。ところが、アメリカでは生活が成り立たないほどの、とんでもない設定にしたのです。

アメリカの場合、商業不動産は収益還元法で決まるので、土地バブルは起きないといわれてきました。しかし、住宅価格の値上がりぶんを担保に銀行が融資をするホーム・エクイティ・ローンが、一九八〇年代の日本の土地担保融資と同じ役割を果たしました。ホーム・エクイティ・ローンは使途が自由ですので、住宅ブームは消費ブームをもたらします。ただしそれは、無理のある住宅ブームであり、消費ブームでした。

日本のノンリコースローンにしても、当時はアメリカのほうがしっかりとしたシステムだということになっていました。通常のローンがローン完済まで要求されるのに対し、ノンリコースローンは責任財産のみにリスクが限定され、いざとなっても責任財産以外の返済が要求されません。庶民にとっても、それ以上責任を負わなくて済むから、そのほうがいいのだという論調が多かったと思います。

ところが今回のサブプライムローンの問題を見ると、日本のように「最後までお金を払います」というシステムのほうが、モラルとしては望ましいと思えます。

お金を借りて、いざとなれば家を手放せばいいやでは、借り手のほうもバブルに乗っかりやすい。サブプライムローンはマルチ商法と同じかもしれないが、借りるほうも所得の五割以上になることがわかっていて借りたわけです。また、二〜三年後に払えなくなっても、売り払ってキャピタルゲインだけを手にすればいいという思惑があって、ローンを組んでいると思うのです。

死ぬつもりがないアメリカ人——島田

私の目には、不思議なことが行われているなと映ります。まったく先のことを考えないで妙な思い込みで動いている。私たち宗教学者がいうところの「信仰」を基盤にして経済が動いている。日本のバブルとその崩壊が持つ意味が、世界的に理解されていないということになりますね。

そこにはアメリカ人特有の人間観というか、世界観がかかわっているように思えます。

私は七十歳の人がサブプライムローンを組んでいたというニュースを聞いて、驚いたことがあります。七十歳でローンを組んで、この人は百歳まで働くのかと。日本では、そもそも七十歳で住宅ローンを組むのは無理だし、その発想がありません。

こうした出来事に接してみると、もしかしたらアメリカ人のなかには、「人間は死なないのではないのか」という思い込みがあるようにも思えてきます。日本ならば、織田《おだ》信長《のぶなが》の人生五十年ではないですが、「死」を意識した感覚、考え方があります。人はいつかは死ぬということが前提になっていて、ときにそれが美学にまでなったりする。ところが、どうもアメリカ人にはその感覚が希薄と思えるのです。

これは同じことだと思うのですが、アメリカの裁判では、禁固二百年とか三百年とか、とんでもなく長い刑の判決が下されることがあります。その根底には、「(もしかしたら、禁固百年でも)死なないのかもしれない」という意識が働いているのかもしれない。まさか二百年後に凶悪な犯罪者が、大手を振って刑務所から出てくるのではないかと恐れるなど、日本では常識を超えた考え方になりますが、案外アメリカ人にはその感覚があるのかもしれません。

アメリカの場合、葬儀をしても基本的に火葬はしません。それは地獄の業火に焼かれるという、火葬に対する恐れがあるからです。焼かれてしまったら、イエス・キリストが再臨したとき、肉体をともなって復活できないと考えている。キリスト教の信仰が基盤にあるわけです。

また、エンバーミングという習慣があります。これは、日本でいう死に化粧にあたるものですが、日本的なものとは違って、アメリカでは死んだ人をあたかも生きているかのごとく見せて埋葬します。

そのやり方がエンバーミングです。血液を全部抜いて、防腐剤を入れて、洋服まで着せる。要するに死んでいないように見せるのです。そこには、やはり復活の信仰がかかわっています。

このように、アメリカ人の死に対する感覚、死生観が日本人の場合とはまるで違っています。サブプライムローンの問題も、七十歳で借りたって百歳まで元気に働く可能性がないかといえば、ゼロではない。低い確率だけどありえるというのが、アメリカ人の基本的な発想法なのでしょう。

じつは、その発想法が、歯止めをつくらない方向に作用して、事態をよりいっそう悪化させている……。

三百八十兆円の不良債権がのしかかる――水野

巨額の不良債権を前にして、アメリカの財政、金融政策はどのような方向にあるのか。まず、財政は巨額の赤字が続いているので、基本的には財政出動によって総需要を追加する政策は期待できません。また、数年後には、日本と同じように団塊の世代が年金をもらう時期に入ります。これも財政を圧迫する要素になるでしょう。

アメリカの銀行は預金残高に応じて、中央銀行のＦＲＢに準備預金を預けなければなりません。この準備預金をフェデラル・ファンド（ＦＦ）と呼び、その資金を短期市場で調達する際の金利をＦＦ金利といいます。ＦＲＢはＦＦ金利を通して、金融市場での資金の需給調整を行うというのがその仕組みです。

金融は日本のようにゼロインフレではないので、金利の上げ下げは可能です。二〇〇八年二月の米消費者物価上昇率（食料品とエネルギーを除くベース。米連銀が重視している物価指標）が二・三％で、政策金利であるＦＦ金利は三月十八日に、〇・七五％引き下げて、二

・二五％となりました。

ようやく実質ＦＦ金利がゼロとなりましたが、一九九〇年代前半の貯蓄貸付組合（Ｓ＆Ｌ）危機当時には、最大でマイナス〇・五％、ネットバブル崩壊後の二〇〇一年以降では、最大マイナス〇・九％まで、実質金利を引き下げました。こうした点を考慮しても、今回の問題のほうが深刻なので、ＦＦ金利は一％以下に引き下げられる可能性は高いと考えられます。

しかし、日本もバブル崩壊後はゼロインフレになり、金融政策の景気刺激効果は限られました。同じようにアメリカも、サブプライムローンで長期に経済が停滞する過程で需給ギャップが緩んで、物価上昇率（食料品とエネルギーを除く）がゼロから一％のあいだになってくる危険性が高いと思います。アメリカが日本に遅れて、超低金利政策を採用する可能性が出てきているのです。

アメリカが抱える問題は、一兆四千億ドル程度のサブプライムローンだけではなく、住宅モーゲッジ借り入れ、つまり住宅ローンが十兆ドルあることです。

アメリカ国民の税金や社会保険などを差し引いた、いわば自由に使える手取りの給料である可処分所得が十兆ドルです。住宅ローンの対可処分所得率は百％というわけです。

借り入れは転売ではなく、所得から返すのが原則。カネ余りが長期化すると、融資基準が甘くなって、所得に対する債務の比率が従来に比べて、著しく上昇していきます。所得に対する債務の比率が急上昇したぶんは、無理な借り入れが多く、地価が下落すると不良債権化する危険性が高いのです。

日本は不良債権処理でおよそ四十六兆円の公的資金を使い、企業の自助努力と日銀のゼロ金利政策のおかげで、銀行が利益から不良債権処理した五十兆円強の、合わせて百兆円で償却しました。結局、所得を超えて借りた額がバブルのピークだった一九八九年末の時点で、百八兆円でした。同額、公的資金を使うか銀行の利益を使うかして償却せねばなりません。

そのうえ、一九九〇年代、いくどとなく総合経済対策を打ち出し、減税と公共投資で総需要をつくり出しました。総合経済対策は合わせると、百二十兆円を超える額となりました。そのうち本当に支出した額、いわゆる「真水《まみず》」と当時いったのですが、それは半分でしょうから、六十兆円のお金を需要対策で使いました。

損失額をアメリカの家計の住宅ローン残高の可処分所得からはじき出すと、アメリカが償却しなければいけない数字は三・八兆ドル（三百八十兆円）です。これは、今、いわれている最大の数字です。この巨大な数字が、これからアメリカにのしかかってくるのです。

よみがえる十六世紀の亡霊「価格革命」――水野

アメリカのサブプライムローン問題の前後で起きていることは、基本的には十六世紀の価格革命と同じことです。

中世荘園制《しょうえんせい》社会では、ゼロインフレが数世紀にわたって続いていたのですが、十六世紀になって当時の先進国である地中海世界がオランダやイギリス、そして穀倉地帯の東欧、ロシアと一体化しました。その過程で、貨幣が必要になりました。当時のオランダやイギリスは、現在でいえばＢＲＩＣｓです。

定常状態だった経済が拡大に転ずるときには、貨幣量の増大が不可避です。貨幣の流通速度を上げるには、金融技術の高度な発達が必要ですが、十六世紀には、それほど貨幣の流通速度を引き上げる技術は進んでいなかったと思います。

そこで、大航海時代に南米から銀を大量にヨーロッパに持ってきました。その結果、経済活動が活発になって、人口増にとっていちばん必要な小麦の値段が六～八倍に上がったのです。これが、「十六世紀の価格革命」です。

しかも、貨幣の獲得にはいつも「略奪」がともなうようです。十六世紀においてはスペイン人エルナン・コルテスによるアステカ帝国征服、フランシスコ・ピサロによるインカ帝国征服など、コンキスタドール（スペインによるアメリカ大陸征服者）や、イギリスの海賊などが「略奪者」として有名です。そして、今回の貨幣獲得競争では、サブプライムローンに「略奪的融資」が行われたとして批判を浴びています。

違いは、十六世紀には国家の外にいる人に対して「略奪行為」が行われたのですが、二十一世紀になると、国境の内側の人に対して同様のことが行われたという点です。この点については、グローバル化で国境がなくなったことが大きな要因になっていると思います。作家の五木《いつき》寛之《ひろゆき》さんが指摘する「見えない内戦」が起きているのです。

二十一世紀において、銀の大量輸入に匹敵するのが、資産市場の膨張です。とりわけ、株式時価総額の非連続的な上昇です。株式交換による企業買収に見られるように、株式は貨幣になったのです。株式、債券の貨幣化現象こそ、「二十一世紀の価格革命」の第一幕です。

そして、価格革命の第二幕は、「資源・食糧の価格革命」です。これが十六世紀の小麦の価格革命に該当するのです。ＢＲＩＣｓの人口二十八億人が、先進国十億人と一体化するのですから、エネルギーや食糧の価格水準訂正が今起きつつあるのです。

この十数年の金融資産の増大、すなわち貨幣量の増大と最近の資源・食糧価格高騰は、いわばコインの裏と表です。

多少専門的ですが、これは「MV＝PT」という、貨幣交換方程式で説明できます。Mは貨幣量、Vは貨幣の流通速度、Pは物価水準、Tは経済の取引量です。

ここで問題となるのはMです。「資本主義1・0」でのMはマネーサプライでしたが、「資本主義2・0」になると、Mは株式時価総額なども含めた、金融資産残高になったのです。そして、これまで金融資産残高が急増したのは、二十一世紀の資源・食糧の「価格革命」に備えてのことだった。

エネルギー、食糧の値段が上がれば、先進国から資源国などの新興国に所得移転が起きます。しかも、先進国のなかで打撃の大きいのは低所得者層です。サブプライムローン問題ですでに打撃を受けている層が、今度、価格革命の第二幕でももっとも購買力を失います。サブプライムローン自体が、金融資産肥大化現象の一過程ですから、低所得者層は価格革命の第一、二幕を通じての敗者となります。

主権国家が国民を守る力を失った結果です。「資本主義2・0」は、主権国家を解体することになると考えられます。「資本主義1・0」を政治的な側面からとらえれば、主権国家建設のプロセスなので、「資本主義2・0」は、まったく異質のものになったのです。

主権国家とは中産階級の台頭を意味しますので、「資本主義2・0」は先進国の中産階級を見限ったといえます。だから、「資本主義1・0」の常識は、「資本主義2・0」における非常識なのです。

二十一世紀に資源・食糧の価格革命が起きると、日本がもっとも不利な状況に置かれます。先進国十億人の経済においては、エネルギーはただ同然で、ハイテク製品は日本の独壇場でメイド・イン・ジャパンに希少価値がありました。資源を輸入し、ハイテク製品を輸出する日本が、もっとも貿易黒字を稼ぐことができる仕組みだったのです。同時に日本の熟練工も希少でした。

ところが、先進国とBRICs諸国の合併によって、供給に制約がある資源が希少となります。そして、デジタル革命でどこでもつくることができるようになったハイテク製品が、コモディティ化（高価な商品が低価格化・普及品化）してしまったのです。

労働力もBRICs諸国二十八億人の参入で、希少ではなくなってしまいました。これからの日本は高い資源を輸入して、値下がりが続くハイテク製品を輸出していては、ジリ貧です。つまり、日本が世界のなかで、もっとも産業構造の大転換を迫られているのです。

地球温暖化問題の真意を疑え——島田

今のお話に出た「価格革命」という視点は、非常に興味深いですね。また、今、日本が直面する危機の全貌が見えてきます。

ところで、アメリカがこれまでやってきたことを考えると、今、問題になっている二酸化炭素による地球温暖化問題にしても、アメリカとEUが手を組んだ、政治的な言説の可能性がないとはいえないのではないでしょうか。

地球は温暖化と寒冷化を繰り返してきました。一万二千年前の氷は南極からとれますが、その時代は現在よりも二酸化炭素の濃度が低いにもかかわらず、気温が三度高かったことがわかっています。

デンマークの学者ビョルン・ロンボルグは、二一〇〇年までの約百年間の海水面上昇の予測値の平均について、報告の回を重ねるほど下がっているといっています。

一九八〇年代にアメリカの環境保護局は、二一〇〇年までの海水面上昇の予測値を数メートルと発表しています。これをIPCC（国連の「気候変動に関する政府間パネル」）が一九九〇年代に六十七センチと予測し、二〇〇一年には四十八・五センチ、そして今回が三十八・五センチ。にもかかわらず、アル・ゴアの映画『不都合な真実』では「六メートルの海面上昇」とあおっています。一九八〇年代の古い数字をわざと使っているのです。

しかも、ゴアは映画の宣伝でデンマークを訪問したときに、ロンボルグとの公開対談を直前にキャンセルしています。理由は、ロンボルグがゴアの意見に反対だから。ロンボルグとの対談は、よほどゴアにとって「不都合」だったのでしょう。

アメリカの狙いは「脱石油」にあるのかもしれません。二酸化炭素の排出権取引も、いまやビッグビジネスになってきています。二酸化炭素排出による地球温暖化をあおり、そこでビジネスチャンスをつくろうとしている可能性だって、十分にありうるのです。

さらに、狙いはもっと大きなことかもしれません。エネルギー＝石油も、それにともなうマネーも、今や中東を中心に回っており、世界をコントロールしてきたアメリカにとって危機的状況にあります。経済発展と温暖化をリンクさせて「おまえたち、そんなことやったら地球が滅びてしまうよ」といって抑えようとする戦略の可能性もあります。

少なくとも、二酸化炭素排出が本当に地球温暖化の原因なのか。ほかの原因を考えなくていいのか。最近では、両者の関係が前提にされていて、その前提からすべての話が始まってしまっている。これは相当に問題です。それ以外の言説がまったく無視されることにもなってしまうわけですから。

アメリカのコントロールのやり方は、冷戦時代から変わっていないと考えるべきでしょう。冷戦の時代には、ソ連の脅威が喧伝《けんでん》され、軍事力強化の必要性が正当化されました。

アメリカでは、軍事力の開発にお金がつぎ込まれることによって、科学、技術、教育水準が上がるという付随的な効果も生まれ、社会がその恩恵を手にした側面もありました。そこで、ソ連の脅威をあおって、「世界の警察官」を自任し、自由主義国の盟主として他の国々に圧倒的な影響力を持ち、世界を支配していったわけです。

しかし冷戦構造の崩壊で、こうしたシステムが機能しなくなりました。するとアメリカの外交戦略は方向性を見失ってしまった。が、「9・11」のようなテロが起こったことで「さあ、世界のみなさん。今度はテロとの戦争です！」とばかりにあおったのです。

ところがテロリストといっても、集団も成していないような人たちが相手では、敵になるはずもありません。ソ連とアルカイダとでは比較にもなりません。

そこで、テロリストの背後にある国家を標的にし、アフガニスタンのタリバーン勢力を打倒しようとした。

それにある程度のめどが立つと、今度は大量破壊兵器を所有しているという疑惑を、ある意味捏造《ねつぞう》し、「とりあえずフセインでもやるか！」となり、イラクに攻め込み、おかげでイラクが崩壊して、大混乱に陥っています。

これもアメリカが、自分たちの力を誇示するためにやった仕掛け。温暖化にしても、彼らが創造しようとした「新たな敵」の可能性があります。それによってアメリカが、さまざまな経済格差を抑えつつ、自分たちの力を誇示しようとする戦略ではないのでしょうか。

人類の営みが環境破壊を進めている面は多々あるでしょう。それについては、しっかりと検証し、対策を立てていかなければなりません。二酸化炭素排出と温暖化が関係しないといっているわけではありません。でも、無条件にそれを結びつけてしまっては、宗教が陥る最大の弊害、「盲信」になってしまいます。

盲信すると、事態を正しく把握できないばかりか、権力を握ろうとする人や勢力、とにかく金儲けに走ろうとする人や勢力に、付け込まれてしまう危険性があります。それでは、マルチ商法の被害者と同じです。いったんは、前提を疑うこと。今、必要なのは、そのことではないでしょうか。

第三章　なぜ経済を語るのに宗教が必要なのか

貨幣と化した株式が肥大する——水野

一九九〇年の時点で、世界のGDPの一・七倍だった世界のマネー。ここでいうマネーとは、世界の株式時価総額と債券発行残高、そして預金を合計した金額です。

ところが二〇〇六年になると、世界のGDPの三・二倍、一京六千兆円という巨額のマネーが世界中に溢《あふ》れるようになりました。マネーがマネーを生み、今もひたすら資本の自己増殖を繰り返しています。その反面、貧困層は減ることなく、むしろ二極化しつつあるという、大きな矛盾を生んでいます。

この空前のカネ余り現象が起きている背景には、ふたつの大きな変化を指摘することができます。ひとつは、マネーを吸収する装置が消滅したこと、もうひとつは、マネーをつくりだすメカニズムが一変したことです。

人類の歴史のなかで、カネ余り吸収装置の役割を果たしていたもののひとつが、戦争です。戦争にともなう消費によってカネ余りが解消される。いっぽう、戦争によって国需が起こって経済が回復するパターンを近代はつくってきたのです。

また冷戦時も戦闘による兵器の消費はしないが、西側東側の競争によって、陳腐化した武器を捨てざるをえないので、新しい武器をつくることによって双方が軍備費を消費します。ところが冷戦が崩れることにより、軍事予算を出すことができなくなり、そこにカネ余りという現象が起きたのです。

さらに、もうひとつの背景として指摘できるのが、マネー（＝貨幣）をつくりだす仕組みが、変わってしまったことです。

「資本主義1・0」のもとでは、銀行の信用創造によってマネーがつくりだされていました。このシステムでは、貸出が預金（マネーサプライ）を生み出していたのですが、預金準備率制度があって、無限にマネーサプライを増やすことができない仕組みになっていました。

ところが、「資本主義2・0」になると、銀行の信用創造を通ずることなく、貨幣がつくりだされるようになりました。株式が貨幣となったのです。株式交換で企業買収ができるようになったので、企業は銀行から融資を受けることなく、相手企業を買収できる。いわば、無限に貨幣が増えるようになったのです。

ところが、今でも日本は「デフレ脱却のためにマネーサプライを増やせ」との主張が多く聞かれます。しかし、それは、いまだに現在の経済が「資本主義1・0」であることを前提に考えている人が多いことの、証明でしかありません。

奈良の大仏はカネ余りの象徴——島田

今、戦争がカネ余りを吸収していたとの話がありましたが、同様に、カネ余りを吸収する装置の一面を持つのが宗教です。人類は今までに、膨大な数の宗教的な美術品や建築物をつくってきました。カネ余りが生じると、余った金を吸収して、再配分しつつ、美術品や建築物を残し、カネ余りを消滅させる。宗教は、そういった偉大な装置だったのではないのかと思うのです。

たとえば、ベネチアには素晴らしい宗教的建築物が残されています。サン・マルコ寺院にサンタ・マリア・デッラ・サルーテ聖堂など、数多くの豪奢《ごうしゃ》な寺院、聖堂が建てられていま す。またそれらの寺院には、貴重な美術品がやまほど飾られています。

それだけ、金銀財宝が「寄進」というかたちで宗教に投資されてきたのです。よほどのカネ余りがなければそれは不可能です。それが意図されたものだったかどうかは、定かではありませんが、深層では、なんとかカネ余りを解消する手だてを見出さなければならないという意識が働いたのではないでしょうか。

日本で考えてみても、宗教はカネ余り吸収の装置の役割を果たしてきました。

たとえば奈良時代。この時代は仏教が興隆した時代ですが、なぜこんなにお金があったのかと思えるほど、多くの宗教建築や宗教美術がつくられました。奈良の大仏などは、相当な額のお金をかけてつくられている。莫大な労働力が注ぎ込まれ、鋳造《ちゅうぞう》に使われた銅の量などハンパじゃない。その先頭に立った聖武天皇《しょうむてんのう》は、国内の銅を使いつくしてでも大仏をつくるという意気込みを示していました。

仏教は中国から伝来しました。このときにさまざまな技術も伝えられたのですが、果たして奈良の大仏をつくり上げた技術が中国からもたらされたものなのか、疑問に思えるところがあります。

中国でも、大仏がつくられていました。敦煌《とんこう》の石窟《せっくつ》などには、奈良の大仏の二倍もあるような大仏が残されています。

ただ、そうしたものは粘土《ねんど》を素材にした塑像《そぞう》です。石仏などもありますが、銅製の大仏はありません。中国では、廃仏の嵐が吹き荒れ、仏像が壊されたこともありましたから、実際には存在したのかもしれません。しかし、現存するものはまったくありませんから、中国には銅で大仏をつくる技術はなかったのかもしれません。

もちろん、銅の鋳造という技術自体は中国から伝えられた可能性がありますが、それをもとに試行錯誤しながら、創意工夫を重ねて、日本では銅製の大仏をつくり上げていきました。いったいどうやってあんなものをつくったのか不思議ですが、まず木型をつくって、その上に土を盛り上げ、それから型を外して、銅を注ぎ込むというやり方がとられています。それを八回ほど繰り返して、大仏全体をつくり上げました。それだけ、人手もかかっています。当時は、国家をあげての一大事業で、現代でいえば、オリンピックの開催や万国博の開催にあたるような国家的な大イベントでした。ですからそこに、膨大な国費が費やされたわけです。

そして、大仏ができあがると、大仏の眼を点じ、魂を入れて仏《ほとけ》とするための「大仏開眼《だいぶつかいげん》」という儀式が行われました。これも国家イベントで、インドや中国からも僧侶が招かれ、国際色豊かなイベント、大規模な祭りが繰り広げられました。

今でも奈良や京都には、たくさんの仏像が残され、それを安置した寺が残されていますが、それだけの経済的な背景がない限り考えられないことです。

仏像などは、どれも表面には金箔《きんぱく》がはってありました。それを考えると、奈良時代にしても平安時代にしても、かなりのカネ余りの時代だったのではないか。そんな気がしてきます。

カネ余りの時代だったからこそ、仏教が興隆したともいえます。奈良の大仏を、カネ余りの象徴だなどといえば、「不謹慎な」といわれるかもしれませんが、お金と宗教との関係を無視することはできません。

大仏建立《こんりゅう》の経済的な意義――水野

奈良時代は荘園《しょうえん》などがいっぱい広がっていた時代ですね。一般的には搾取《さくしゅ》の時代ととらえられています。でも、ただ搾取してそんな仏像などをつくっていたら、暴動が起きるのではないでしょうか。律令国家《りつりょうこっか》、中央集権国家を目指した時代ですし、やはり合理的にお金を吸い上げられる仕組みになっていたから、暴動もなく中央政府にお金が集まるようになっていたのでしょう。

今の奈良の大仏などの話を聞くと、なぜ、そこまでやったのだろうという気さえします。しかし、ある種、公共事業的な性格も持っていたのでしょう。ただ権力者が自分の富や力を誇示したのではなく、全体がそれに乗り、そこに富の還元が生まれた。奈良時代の日本には、富の蓄積があり、それが可能だったのでしょうね。

中国に残された大仏が石仏で、奈良の大仏をつくる技術が日本で生まれた可能性があるというのも興味深いエピソードです。富を使い新たな技術を生み出し、それは今の時代にも受け継がれているわけでしょうから。

何もそこまで、と思いたくなるような技術が、後世にも残っているということは、余ったお金がどこに向かうのか、これが大切であることを伝えているのでしょう。今の時代、最先端の研究分野でも、早期の資金回収のめどが立たないものには、なかなか投資しないと聞いています。

また、その時代も仏像をつくる技術で、日本が先を行っていた可能性のあることもおもしろいですね。古代の日本は、基本的に中国を追いかけていたのでしょうから。

新宗教が美術品を買う本当の理由——島田

日本の新宗教の多くが美術品を購入し、ミュージアムなどをつくっています。

たとえば世界救世教《せかいきゅうせいきょう》は、温泉地の熱海に国宝を所蔵するMOA美術館を建てています。箱根の強羅《ごうら》にも箱根美術館を所有しており、どちらも、観光スポットになっています。

MOA美術館の立つ場所は「瑞雲郷《ずいうんきょう》」と呼ばれ、箱根美術館が立つ場所は「神仙郷《しんせんきょう》」と呼ばれています。世界救世教ではそれらを、「地上天国」のモデルのひとつとしてとらえています。宗教的な意味を持たせているのです。

また世界救世教の分派、神慈秀明会《しんじしゅうめいかい》も滋賀の信楽《しがらき》の里にミホ・ミュージアムという美術館を建てています。ここはかなり不便な場所にあるのですが、素晴らしい景観が自慢です。山中に突如《とつじょ》として現れる近代的な建物は、まるで桃源郷《とうげんきょう》です。実際、神慈秀明会では、ミホ・ミュージアムを「シャングリラ（桃源郷）にある美術館」と称しています。

一九八〇年代にタレントや美人女優が入信し話題となった真如苑《しんにょえん》も、二〇〇一年に日産自動車村山工場の跡地の約四分の三、百六ヘクタールの土地を購入しています。これは東京ドーム二十数個分という広さで、取得金額は七百三十九億円にものぼります。

ところが、非常に興味深いのは、それだけの巨額をかけて土地を取得したのに、その時点で何に使うかが決まっていなかった点です。現在、会員が集まってくる中央線立川駅に近い総本部のある場所は借地です。そのため、自前の土地に聖地を築こうとして広大な土地を購入したように思えますが、どうもそれが目的ではなかったようです。

目的が明確でもないのに、なぜ土地に巨額を投じたのか。真如苑は、今でも会員の数が増え続けていて、実際に活動している会員の数では、創価学会や立正佼成会《りっしょうこうせいかい》に次いで新宗教では第三位ではないかと思います。

会員の活動も熱心ですし、そのぶん、教団には巨額のお金が入ってくる。総本部のある立川の場所は最近一新されましたが、宗教教団ですから、余ったお金を新しい事業に投資することもない。ましてや企業のトップのように、教祖が豪遊するなど許されない。そうなると、どうしてもカネ余りが生まれ、それが日産跡地の購入に結びついたのではないかと思えるのです。

ただ、ごく最近、オークションにかけられて海外に流出する可能性があった、運慶《うんけい》作と目《もく》される大日如来坐像《だいにちにょらいざぞう》を、約十四億円で真如苑が落札しました。どうもそれを、日産跡地にお堂を建てて祀《まつ》ることになりそうです。そうはいっても、広大な土地を、お堂のみで使い切ることは不可能でしょうから、やはり将来的に、どういったことに使うのか、不明確です。

なぜ、人間は宗教的な美術品や建築物をつくり続けてきたのでしょうか。そこには帳尻合わせというか、カネ余りの解消があったのでしょう。宗教とは、本来、そういった性質を持っているものなのです。

神殿と六本木ヒルズの発想の違い──島田

日本の仏像は平安時代になると、ほとんどが木像になります。それ以前の奈良時代、さらにその前の飛鳥《あすか》時代の仏像は、大仏のように銅製であったり、漆《うるし》におがくずなどを混ぜて塗り固めてつくった乾漆像《かんしつぞう》と呼ばれるものです。漆には優れた性質があって、長い年月を経てもそのまま残ります。ですから、あの時代の仏像は強く、後世にも伝えられています。これがただの木の像だと朽ちてしまいます。

乾漆像としてなんといっても素晴らしいと思うのは、中宮寺《ちゅうぐうじ》の伝如意輪観音像《でんにょいりんかんのんぞう》です。如意輪観音というのは、平安時代に密教が流行してからの命名だと考えられますので、半跏思惟《はんかしい》像《ぞう》といったほうがいいでしょう。弥勒菩薩《みろくぼさつ》の可能性があります。今は、美しく黒光りしていますが、もとは彩色が施され、肌は肌色であったといわれています。

黒光りしているのは、下地に塗られた黒漆が表に出てきているからです。そのおかげで、制作から千三百年以上が経過しても、美しさが保たれ、かえって底知れない美を感じさせるものになっています。

漆は現在もそうですが、かなり高価なもので、その漆がふんだんに使われていたからこそ、中宮寺の仏像は今日の姿を保っているといえます。それだけの技術と費用がついやされていたわけです。

日本の歴史を振り返っても、権力者は必ずそういう宗教美術をつくり続けています。平安時代以降もそうですし、江戸時代に入っても、幕府は相当なお金をかけて日光東照宮《にっこうとうしょうぐう》をつくりました。日光東照宮は徳川家康を神格化した東照大権現《だいごんげん》を祀ってあるので、これも宗教建造物です。

ところが近代になると、そういうものにお金をかけることがなくなってきました。資本主義の社会に移行することで、権力者にはかってほどお金が入ってこなくなりましたし、勃興《ぼっこう》した財閥も合理的な経営をめざしますから、宗教的な建築物や宗教美術に多額のお金をかけることがなくなります。

現代の象徴である六本木ヒルズのような高層建築はいくらでも建てられますが、それは実用性や収益性を考慮したものであって、収益を考えずにやっているところは、日本では新宗教ぐらいでしょう。新宗教には、すごいお金をかけて神殿をつくり、信者からお金を吸い上げる、昔のやり方が残されています。

もちろん、新宗教の教団以外にも、サントリーやブリヂストンなど、企業が美術館をつくったりしています。また高度経済成長期では、安宅《あたか》産業の「安宅コレクション」が有名でした。

安宅産業はかつて日本の十大商社のひとつとして数えられていましたが、経営がふるわなくなり、一九七七年に伊藤忠商事に吸収されています。

この安宅産業の会長だった安宅英一《あたかえいいち》さんが中心となり、事業の一環として、膨大な東洋陶磁《とうじ》を収集したのが安宅コレクションです。安宅産業では、どれを収集するかを取締役の会議に出して決めていたというのですから、すごい話です。今、商社でそんなことを会議に出したら、とんでもない目に遭うでしょう。

この安宅コレクションも、安宅産業がオイルショックで受けた打撃が引き金になり破綻《はたん》し、伊藤忠商事に吸収されると、大阪市に寄贈されてしまいました。現在、大阪市立東洋陶磁美術館が全部持っています。その文化資産的な額はわかりませんが、国宝も二点あるので、かなりのものでしょう。しかし高度経済成長期の終焉《しゅうえん》とともに、安宅コレクションも終焉を迎えたのです。

安宅氏の考え方がよかったのかどうか、経営者としての評価は分かれるところでしょうが、一般の美術愛好家にとっては、ありがたいことでした。今のＩＴ企業の経営者の頭のなかには、そんな発想はまったくないのでしょうから。

人間の暴走を阻止できるのは宗教だけ——島田

一般的に新宗教というと、何かいかがわしいイメージがつきまといがちです。マスコミも新宗教がらみの事件が起きたとき、その部分をあおります。でも、実際は宗教が経済、また社会でどのような役割を果たしてきたか、私は今、それを見直す必要があるのではないかと考えています。

とくに宗教の果たす社会的な役割、機能について考えないといけない。新宗教でも、たんに教祖がいて、それに救われた人間が信者になるというのではなく、そうした教団を生み出す社会的な背景を考えなければならないでしょう。

たとえば、新宗教の先駆的な教団に天理教があります。天理教が誕生したのは、幕末維新期ですが、その時代には、まだそれほど信者はいませんでしたし、明治に入っても、大きな教団にはなりませんでした。それが大きく拡大するのは大正時代で、都市化で大阪に人が集まってくるようになってからです。基本的に天理教は都市の宗教であり、新しく都市に出てきた人たちが、おもなターゲットになりました。

教団として天理教が大きくなると、信者が増え、その信者たちは、貧しいなかで稼いだお金を教団に寄進するようになりました。そこから、「搾取の宗教」といわれたこともあります。マルクス主義の立場からすれば、宗教は「民衆の阿片《あへん》」で、被支配階級を支配階級に隷属させるものになりますが、たしかにそういった面はありました。

ただ、人間がお金を持ったがゆえに、宗教が必要になったという面もあるかと思います。人間がお金を持つと自然から離れていきます。でも、それでは人間は暴走するわけです。お金はすごい力を持っているので、それを抑える仕組みがないとダメなのです。その役割を果たしてきたのが宗教なのです。だからお金と宗教は密接な関係を保ちながら動いてきました。

ただ、今の時代は社会があまりにも世俗化し、宗教の力が弱まってしまっています。人間の暴走を抑制すべき役割を果たした宗教が弱くなっている。それは、懸念される事態かもしれません。

激変を前に政治は無力化する——水野

ここ何年間かは、日本は「デフレを脱却しないと景気が回復しない」といった風潮で動いてきました。政府は二〇〇一年三月にデフレを「物価の持続的な下落をさす場合」と定義しています。その場合、インフレ・デフレを測る指標として消費者物価指数（総合）が最適であるとしています。

政府は「デフレ脱却なくして景気回復なし」といっていますが、デフレ下でも二〇〇二年から景気回復しました。もちろん、輸出と設備投資にかたよった景気回復で、個人消費支出は大して伸びないなど、さまざまな問題がある景気回復です。

いずれにしても、経済政策自体は無力化しています。また、最近ではようやく二〇〇六年、二〇〇七年と二年連続して消費者物価指数（総合）はプラスの伸びとなってきました。しかし、資源価格の上昇によって物価が上がっており、とても金利を引き上げる状況にはありません。

所得の伸びがマイナスになっているので、実質購買能力が低下しています。そのときに利上げをすれば、ますます景気を冷え込ませてしまうからです。

資源価格が上がっている背後には、サブプライム危機で世界の余剰マネーが原油・穀物市場に向かっていることがあります。景気が悪くなっているのに、物価が上がるというスタグフレーションになりつつあるのです。

経済は混乱し政治は無力化する。そして政府の赤字は膨らみ続けるばかりです。その状況で何かをしようとしても、身動きはとれません。福祉も危機的状況になっているのに、それを解決することもできないのです。お金が溢《あふ》れているのに、福祉にお金が回らない……。まったくもって、おかしな話です。今の政治が、世の中の激変にまったく対応できていない証拠といえます。

ところで、日本の新宗教で最大のものといえば、創価学会だと思います。政治的な影響力も持つ創価学会は、経済とどのようにかかわってきたのでしょうか。

創価学会が弱者に与えたもの――島田

創価学会を構成する人たちの中心は、中下層階級です。外国の創価学会では東洋思想的なものを前面に出し、社会的に高い地位についている人たちを引きつけていますが、日本ではとくに高度経済成長期に、未組織の労働者階級を取り込んで大きく成長しました。

創価学会の創立者は牧口常三郎《まきぐちつねさぶろう》です。牧口は小学校の校長を歴任した教育者だったので、当初の名称は「創価教育学会」という、教育者の団体としての性格が強いものでした。

創価教育学会の名称を創価学会にあらためたのが、二代目会長の戸田城聖《とだじょうせい》でした。戸田はインテリの牧口とは対照的で、実業家タイプです。受験産業をおこし、出版や小口金融などにも出資、かなりの利益を上げていたこともありました。

戸田は見方によっては「山師」的な人物で、酒が好きでざっくばらん、人を引きつける魅力を持っていました。そして創価学会でカリスマ的な存在になっていきます。

戸田が唱《とな》えたのが「現世利益《げんせりやく》」です。神仏から授かるものを「利益」といいますが、現世利益は「今、生きている世界での利益」をさします。それは、来世で救われることを約束する信仰とは、対極にあります。つまり戸田は、信仰さえすれば今の世で豊かで幸せになれる、そう説いてまわったのです。これが高度経済成長期の労働者たちに、非常にマッチしました。

高度成長の時代には、多くの人々が地方から都会に出てきました。大学への進学率は上がったものの、あの時代のことですから、地方から出てきて大学に通う人とそうでない人のあいだには、大きな差が生まれました。

大学に行った人は大学というコミュニティに迎えられ、大企業に勤め生活基盤は安定します。しかしさしたる学歴もなくて出てきた人は、コミュニティもなければ安定した生活も保障されていません。そういった人々を救ったのが、創価学会や他の新宗教だったのです。

だから創価学会を母体とする公明党も東京、大阪などの都会で強いのです。しかも、都会の選挙区でいうと第一区。人口がいちばん集中しているところです。創価学会は宗教集団ではありますが、人が集まるコミュニティとしての性格にこそ、根本的な特徴があるともいえます。教義よりも、日頃の付き合いが重要なのです。なぜならば、それ以外に、基盤を持たない人たちの集まりだからです。

そうした寄る辺のない人たちに対して、「信仰すれば、豊かになれる」とお題目を唱えさえすればいいという教えを説き、会員を増やしていきました。

実際、高度経済成長期には、働けば豊かになれる社会基盤がありました。それが現世利益の実現に結びついていって、ますます信仰を強化していきました。「現世利益」を強調する戸田の講演には、会場にびっしり人がいたそうです。そして、そのなかで救えない部分については、公明党をつくって、大衆福祉という福祉政策を充実させていったのです。

経済発展するときには、社会に必ず矛盾が生じます。そういう矛盾によって苦しい立場に追い込まれた人たちを宗教が支える。とくに急速に都市化が起こったときには、都市のコミュニティができていません。そこで宗教を核にして、コミュニティを再生させるようなやり方を必要とするわけです。そのとき、宗教が意義を持ちます。経済発展と宗教の拡大は、必ず並行して起こる現象なのです。

ひとつ興味深いのは、日本ではふるわなくなったのに、海外では信者を増やしている新宗教がある点です。国家主義的で保守的な生長《せいちょう》の家《いえ》は、日本では信者を減らしていますが、ＢＲＩＣｓなどのブラジルやアジア諸国など、成長期にある途上国で信者を増やしています。

まさにそれは、新宗教が「資本主義１・０」の頂点を極めた高度経済成長に適合的ではあっても、その先にある「資本主義２・０」の世界では必ずしも適合的ではないということを意味しています。

現在、経済成長が続いている国では、「勤勉に働けば豊かになれる」という新宗教の道徳が意味を持ちます。実際、ご利益も得られ、信者は増えていきます。

ところが、そのモデルは日本ではすでに通用しない。創価学会は、都市に独自のコミュニティを築くことで、その勢力を維持していますが、そうなれなかった新宗教は、今の日本では勢力を衰退させるしかなくなっています。

資本主義と新宗教が引っ越した先――水野

まるで自動車産業みたいですね。自動車産業でも、日本より海外でつくっている製品のほうが多くなっています。

経済だけではなく、宗教もグローバル化している。新宗教がＢＲＩＣｓ諸国などで台頭しているというのは、興味深い話です。

ＩＴ革命によるグローバル化で、企業は生産地を選ばなくなりました。設計図があり、それを理解できる人間さえいれば、先進国でなくとも製品をつくることができます。しかも、グローバル化で市場との距離も大きく縮まっています。

またＢＲＩＣｓ諸国なども政治と経済の体制が市場経済化しており、所有権が確立されてきて、先進国が資本を投下できるようになっています。

今や、資本主義は途上国に引っ越したといってもいいでしょう。しかしそれは、新宗教をともなってのことなのでしょう。

世界の宗教地図が変わった――島田

宗教と経済が密接であるゆえ、グローバル化で世界の経済が激変するのにともなって、世界の宗教地図が変わりつつあります。

経済の高度な発展が起これば、必ず格差が生まれ、社会矛盾が強まり、それを解消するために新しい宗教は台頭してきます。ＢＲＩＣｓのようなところは、カルト的なキリスト教が台頭する素地があり、カトリックが強かったはずの南米では、実際にプロテスタントのペンテコスタ派や福音派のセクトが力を伸ばしつつあります。

こうした宗派は原理主義的で、終末論を強調し、信者を熱狂的にあおるところがありますから、過激化したり、暴走する危険性を秘めています。これに対し、ずっと南米に力を持ってきたローマのカトリック教会は危機感を持ち、法王が訪れて警鐘《けいしょう》を鳴らすなど、牽制《けんせい》する動きを見せています。

先進国だと、日本もそうですが、宗教という枠に収まりきらないスピリチュアル・ブームが全世界的に広がっています。それは、商業主義に結びつく反面で、陰謀論に結びつくなど、危険な部分も持っています。バチカンは、こうしたブームに対しても危機感を抱いていて、最近、ローマ法王が警告を発したりしています。

韓国でキリスト教が広がっているといわれていますが、日本人が考えるようなキリスト教ではありません。リーダーが神がかりして、お告げを下すなど、むしろ日本の新宗教に近い形態のキリスト教が流行したりしています。

もちろん、すべてがそういったキリスト教ばかりではないのですが、韓国では新宗教的なキリスト教が広まり、社会的な影響力を持つまでになっています。

中国の場合にも、一時期「法輪功《ほうりんこう》」が大きく広がり、社会問題化しました。法輪功は気功を基盤としていますが、政治運動化し、しかも共産党幹部にまで浸透したことから、弾圧の対象になりました。

法輪功も、経済発展から落ちこぼれた中国の北の地域の人たちを中心に構成されていました。その人たちをまとめ上げていった法輪功を中国政府が潰《つぶ》したとき、私は、これは逆に危険だと思ったのです。つまり、受け皿がなくなってしまい、もっと危険な、たとえば暴動などに発展すると……。

ところが経済発展に勢いがあるせいか、中国にはそれが必ずしもあてはまらないようです。ただ、これから先は、中国といえどもわからないでしょう。

時代の変化に苦悩する公明党——水野

時代の変化において、宗教と経済が並行して変動する。これを考えると、根底にあるものは同じで、経済か宗教か、どちらに際だった変化が現れるのか、違いはそこにあるだけだと思います。

ところで、創価学会を母体にしているのが、連立政権の公明党です。もっとも母体といっても、「政教分離原則」に反するという批判にさらされ、創価学会を制度的に明確に分離することを明言しているはずですが。

公明党が初めて政権に参加したのは、一九九三年の細川政権でした。これ以降、小渕内閣、森内閣、小泉内閣、安倍内閣、福田内閣と連立しています。つまり政権をとるには、公明党の、ひいては創価学会の力が決め手になる、といってもいいのでしょう。

しかし二〇〇七年十月末の福田・小沢会談に見られたように、大連立構想が持ち上がるなど、公明党には以前ほどの存在感がなくなってきているように思えます。自民党の立場から見ても、公明党より民主党と話をしたほうが早い、といった風潮さえあるように思えます。これは、時代における創価学会の立場の変化が、かたちを変えて現れているのでしょうか。

「2・0」に飲み込まれる創価学会――島田

す。

池田大作《いけだだいさく》が創価学会と公明党の「政教分離原則」を明言したのは、一九七〇年のことで

一九六九年から一九七〇年にかけて、創価学会や公明党を批判した書物の出版を妨害した「言論出版妨害事件」を起こし、社会的な批判を浴びました。これがきっかけとなり、公明党の議員は創価学会の幹部を退き、ふたつの組織は人事の面で分離されます。破竹の勢いで伸びてきた創価学会にとって、最初の大きな敗北でした。

この時期、創価学会は曲がり角に来たわけですが、その背景には創価学会を巨大教団に押し上げた高度経済成長自体が、曲がり角にさしかかっていたということがありました。もっとも、創価学会は会員の子どもや孫を新たな会員とし、組織を維持していきます。

ところで現在の政局にあって、公明党はどのような状況にあるのか。

今、公明党は自民党と連立しており、福祉政策は公明党主導で動いています。自民党も公明党におまかせといった状況です。逆に公明党は社会福祉以外の領域については、手薄で、独自の外交政策、あるいは独自の経済政策は持っていません。こちらのほうは、自民党にお

まかせです。

だから、景気回復、経済発展を第一に掲げ、経済が豊かになった部分を社会全体に還元することで、庶民を幸福にするといった政策しか掲げることができません。ところが今の時代では、景気回復が進めば進むほど格差が広がってしまいます。自分たちの支持基盤である庶民が、いちばん苦しめられるということがわかっていないのです。

しかも大連立が噂される状況で、公明党の発言力は小さくなっています。要するに、創価学会は、自分たちを巨大化させた「資本主義1・0」の論理から脱することができず、新しい経済の状況に対応できなくなっているのです。

党員のなかには「連立与党に入って党はダメになった！」と、党大会で主張する人もいます。執行部を追及する党員もいます。ところが、聖教新聞には党大会の記録は出ているものの、党員からの批判があったことは報じられていません。一般の新聞やテレビには出ているのに……。大本営発表になっているのです。

それだけ行き場がない、どうすればいいのかが、見えていない状況なのです。公明党は今、打つ手がないのです。連立を抜けるといっても、小選挙区制度のもとでは議席を減らす結果しか考えられない。国が混乱しているのと同じように、今、どうしていいのかわからないのが、公明党なのです。

創価学会に見るカネ余りの吸収――島田

創価学会のことをお金と関連させて見ていくと、現在のカネ余りの状況を考えるうえでヒントになるような部分が見えてきます。

冷戦が崩壊し、バブルも崩壊しようとしていた頃の一九九〇年の話です。創価学会は、それまで仲良くやってきた日蓮正宗《にちれんしょうしゅう》と決別します。

日蓮正宗は日蓮宗《にちれんしゅう》のなかの一派で、富士山の周辺に多いことから、富士門流《ふじもんりゅう》と呼ばれる派に含まれています。日蓮正宗ではほかの日蓮宗とは異なる特殊な考え方がとられていて、日蓮正宗のトップにいる法主《ほっす》が特別な存在で、日蓮から受け継がれた正しい信仰はこの法主にのみ受け継がれている、という考え方をしています。

もっとも、これは日蓮正宗が自分たちで勝手に決めていることで、ほかの日蓮宗では認められていません。そのために少数派にとどまって来たわけです。

ところが、創価学会の初代会長である牧口常三郎が、一九二〇年代の終わり頃に日蓮正宗に入信することで、事態は変わっていきます。牧口は、その約十年後に、創価学会の前身の創価教育学会を創立します。

以後、創価学会と日蓮正宗は密接な関係を持つようになりますが、教育者として厳格な牧口には、日蓮正宗の教えが大きな影響を与えます。

日蓮正宗の教えというのは、ほかの宗教・宗派の考え方は全部間違いであり、いっさい、かかわってはいけない、というものでした。

それを反映して創価学会の会員は、ほかの宗教・宗派の葬式には出てはいけない、地域のお祭りも神社だからダメ、修学旅行に行っても会員の子どもは鳥居をくぐらない、といったような教義のもとで生活してきました。葬式や結婚式は日蓮正宗の坊さんがやってくれるので、それでもかまわなかったのです。

そして、一般の地域社会から距離をおいた、自分たちだけのコミュニティをつくってきました。もっとも、そういった傾向は、日蓮正宗と決別してから相当に緩和されていきますが。

この日蓮正宗と創価学会の間に亀裂《きれつ》が入ります。最初は一九七〇年代の末です。このときは創価学会が教義からの逸脱をわびて騒ぎは収まります。しかし、一九九〇年に対立が起きたとき、完全に決別してしまいます。理由はいろいろあげられましたが、私は坊さんに、巨額のお金が流れていたことが、原因だったと考えています。

一般の宗派の檀家《だんか》はお寺にお布施《ふせ》をしますが、それはお墓を持っているからです。お墓を持たなければ檀家にならないのが普通で、たとえば三百軒ぐらいの檀家を抱えていると、かなり豊かなお寺ということになります。

ところが創価学会の会員の場合は、墓がなくても日蓮正宗の檀家になり、お布施をしました。葬儀や結婚式などをやってもらうためです。しかも会員の数は膨大なのに、日蓮正宗の寺の数は全国に三百ぐらいしかありませんでした。

そうすると日蓮正宗の檀家は、ひとつの寺で一万軒とか二万軒とか、すごい数になってきます。本山《ほんざん》への上納金も年間五千万円とか、相当な額にのぼりました。坊さんに相当な額のお金が流れていたわけです。

しかも本山である静岡県の富士宮市の大石寺《たいせきじ》に、正本堂《しょうほんどう》という建物をつくろうとして寄進を募ったら、三百五十億円集まりました。昭和三十年代のことですから、今の額に換算したら一千億円ぐらいでしょう。

こうして創価学会の会員のお金が、大石寺や日蓮正宗の寺院に流れていく仕組みができあがります。もちろん、創価学会自体にも流れていきましたが、かなりの額は日蓮正宗のほうにいってしまっていた。

創価学会が日蓮正宗と決別する時期は、ちょうどバブルが崩れていく頃にあたりますが、バブルの時代に相当な額が、創価学会の会員から日蓮正宗に流れていたことが要因になっていたように思います。

お金が流れれば、日蓮正宗の僧侶は必然的に華美な生活を送るようになります。それが、庶民の集まりである学会の会員には許せない。だったら、もう日蓮正宗には寄進などしたくない。そういう気持ちが生まれたことで、決別の道を歩んだのではないでしょうか。

なぜか創価学会にお金が流れない――島田

これで理屈からすると、日蓮正宗に流れていたお金はすべて創価学会に入るはずでした。ところが、どうもそうはならなかったようです。

ひとつには、バブルの崩壊で、会員の生活が苦しくなったということがあったと思います。とくに創価学会の会員は、中小企業の人や自営業者が多く、かなりバブルの恩恵をこうむっていたものの、それがはじけてしまえば、逆に被害も大きかったように思います。

そして、「お寺への寄進」という目標がなくなると、学会の人たちも、お金を出すことにそれほどの意義を見出せなくなっていったように思います。

また、時代も変わってきたのでしょう。自分のために使うという意識が強くなってきたのではないでしょうか。「お金があるなら、それは子どもの教育費にまわそう」といった家族中心の意識が生まれてきた。なにしろ、創価学会の会員の子どもの組織である未来部では、「勉学第一」を掲げています。親たちも、創価学会の会合に子どもを行かせるよりも、塾など勉強を優先するようになってきました。

しかも、高度経済成長期とは異なり、頑張って働けば豊かになり幸せになれる、もはやそんな時代ではありません。むしろ「ワーキングプア」などという言葉が定着した世の中ですから、「現世利益」を説いても、説得力がなくなってきました。

創価学会のなかでの金の貸し借りはいっさい厳禁。金銭的に行きづまっても、誰も救ってはくれません。信心をしているにもかかわらず倒産したりすると、「現世利益」が原則だから、「信心が足りない」などと責められてしまうことになります。それでやめる人も出てきました。これでは、金の切れ目が信心の切れ目です。

いっぽうで、創価学会の会員の寄進で大石寺につくられた建物は、決別したあとにみな壊されてしまいました。近代建築の粋《すい》を集めた、建築史のうえでは重要な遺産といえるものを、大石寺は潰してしまったのです。

これが奈良などにある古寺なら大変なことになりますが、新宗教の建築物ということで、社会がその破壊を問題にすることもありませんでした。

余った会員のお金の意外な行き先――島田

日蓮正宗に寄進する必要がなくなった創価学会の会員には、カネ余りの状況が生まれます。そこで、今の世界経済に起きているのと同じ現象が生まれてきました。

ひとつが「振り込め詐欺」です。創価学会では一年に一度、十二月に財務といってお金を集めるのですが、その時期になると、創価学会の会員を目当てに「振り込め詐欺」が行われるようになったのです。「アメリカ創価学会に、お子さんを送りたくないですか？」といったうたい文句で、だますのです。

あるいは事故を起こした娘さんから母親に電話がかかってきて、「お母さん一緒に題目をあげて」など、どう考えても、学会の会員しかひっかからないと思われるような手口が使われます。もちろん、娘と偽って電話をかけているわけです。

もうひとつは、創価学会の会員を目当てにした「全国八葉物流《はちようぶつりゆう》」が起こしたマルチ商法です。

創価学会には、師匠と弟子は一体だという「師弟不二《していふに》」という考え方があり、名誉会長の池田大作もしばしば使っています。八葉物流は、これをキャッチフレーズに利用し、健康食品販売の名目で約一千五百億円を集めたのです。

結局、八葉物流は破綻して名誉会長の田所収《たどころおさむ》は逮捕されます。名誉会長という呼び方も池田をまねたものです。田所は創価学会の会員で、全国八葉物流にひっかかったのは創価学会の会員たちだったといわれています。

このように日蓮正宗に流れなくなったお金が創価学会に行くのではなく、詐欺やマルチ商法に流れてしまいました。

日蓮正宗にお金が入ったら、創価学会本体にはお金が入らなかったのはたしかです。しかし、そうしたかたちで会員たちのカネ余りが解消されるというのは、必ずしも悪いことではなかったのではないか。そんな疑問がわいてきます。カネ余りがいかに問題のある事態を生むのか。創価学会に起こったことが、まさに現代の世界で起こっていることなのだと考えていくと、この事例は非常に教訓的です。

経済が発展すれば、必ずカネ余りの状況が生まれます。誰もが豊かさを求めて経済活動をするわけで、経済発展が目標ですから、どうしてもそうなってきます。とくに、経済発展が頂点を迎えたところでは、はなはだしいカネ余りの現象が生まれます。

昔は、その余ったお金が宗教の世界に投資されていた。事業に投資すれば、さらにカネ余りを加速しかねませんが、宗教への投資は、まず、公共事業的な性格を持つことで富の再分配をうながします。また、宗教的な建築物や美術品の建設、制作はさらなる富を生み出すことにつながりませんから、最終的な消費になり、カネ余りを解消することに役立ちます。

立派な宗教的建築物ができれば、一般の人たちもそれを利用できるわけで、恩恵をこうむることができます。これは、案外、うまい仕組みだったのかもしれません。

ところが、現代の資本主義においてはカネ余りが、しだいにそうした寄進へと結びつかなくなってしまっています。余ったお金は、さらなる投資に向けられ、投資先がないから、バブルを生んでしまう。建築物なら後世に残りますが、バブルが崩壊しても何も残りません。ただ、バブル崩壊で損をした人たちの悲惨な状況が生まれ、社会に混乱が生まれるだけです。そう見ていくと、現代社会の在り方は、昔の在り方よりも、結果的に劣っているようにさえ思えてきます。

第四章　世界経済を支配するイスラム

オイルマネーが世界経済を席巻《せっけん》する――水野

景気が回復する直前、二〇〇一年十二月の原油価格（WTI）は、一バレル＝十九・三ドルでしたから、六年間で原油価格は約五倍に高騰し、一バレル百ドルを超える高値をつけました。また、二〇〇六年の一年間でアラブ諸国など石油輸出国が手にしたオイルマネー（貿易黒字）は、四千三百六十億ドル（五十・七兆円）程度に達していると見られています。

二〇〇七年は原油価格が一段と上昇していますから、おそらく四千八百八十億ドル（五十七・四兆円）程度になるでしょう。さらに、二〇〇八年に入って一バレル百ドル超で推移しているので、二〇〇八年は七千三十億ドル（約七十兆円）に達することが考えられます。

いっぽうで、サブプライムローン問題で揺れるアメリカの金融大手メリルリンチが、中東の政府系投資ファンドから三十億～四十億ドルの出資を受け入れる見通しだとされ、いっそうオイルマネーの存在が、注目されています。

原油高を背景に、世界の経済を席巻しつつあるオイルマネー。その背景にあるのがイスラム金融とイスラム社会です。もはや世界経済を語るのに、イスラム金融を外すことはできません。そこで日本人の感覚では理解しにくい、イスラム教とイスラム金融との関係について、説明をお願いします。

イスラム金融の最大の特徴――島田

イスラム金融にはふたつの特徴があります。そのひとつが「利子」という概念がないことです。

イスラム教の聖典、コーランには「利子を認めない」という教えがあります。なぜならば、利子は神様がつくったものではないからです。「神様がつくっていないものがあってはならない」というのが、イスラム教の基本的な考え方です。

コーランは開祖ムハンマド（マホメット）の言葉を後世書き記したもので、ムハンマドに対して神であるアッラーが下した啓示であるとされています。そのコーランから生まれたのが「シャリーア」です。シャリーアは、イスラム教の根幹をなす法体系で、イスラム法と訳されます。

シャリーアで決められているのは、宗教にかかわるものだけではありません。内容的には、民法や刑法から国際法、戦争法、また支配者論や国家論にまでおよんでいます。そして、コーランに基づくシャリーアでは、利子を認めていないのです。

とはいえイスラム社会でも近年になるまで、それほどまで厳格に利子の禁止を実施することはありませんでした。「ヒヤル（奸計）」と呼ばれる、いわば「抜け穴」があり、シャリーアを回避することができました。過去においては実質的には有利子金融が行われており、現在でもトルコやアルバニアなどでは、有利子金融が存続しています。

ところが中東諸国の世界的な影響力が強くなる過程で、状況が変わってきました。状況を変えた要素はいくつかありますが、大きな流れがイスラム回帰の動きです。一九七九年、イラン革命が起きます。イラン革命は親アメリカのパーレヴィ朝独裁体制を打倒し、イスラム共和制を樹立した革命であり、「イスラム革命」と呼ばれるほど、宗教色の強いものでした。革命後はシャリーアに通じている「イスラム法学者による支配」が確立されます。

また、アメリカによるアフガニスタン空爆など、欧米諸国に自分たちが蹂躙《じゅうりん》されている、ムスリムの人々の目には、そう映るような大きな動きがいくつもありました。そのなかで、現状を改革し、ムハンマドの時代の「正しい」イスラム教へと回帰しようとする運動が起こり、イスラム回帰の潮流が動き始めたのです。

イスラム回帰というと、過激で教条的なムスリムたちによる、テロとの結びつきなどをイメージする人もいるかもしれません。しかし実際には、リベラルな思想でイスラムの改革を行う人々も多数います。イスラム回帰の方向性は多様で、国や地域によって厳格さには違いがあります。

いずれにしても、イスラム回帰により「シャリーアにならって生きるべきだ」という意識が強まっています。さらに、オイルマネーで経済的に豊かになり、金融への関心が高まっていくなかで、シャリーアにかなった無利子金融を求める声が高まってきたわけです。

投資してはいけないものがある――島田

イスラム金融は、最初「無利子銀行」として始まります。

利子が認められないので、そのシステムは私たちが知る銀行のものとは随所で異なります。

たとえば「ムダーラバ」というものは、出資者が事業者に対して資金を信託するパートナーシップ契約です。事業の完了、ないしあらかじめ定められた約定返済期限に、両者は約定割合にしたがい収益を分配します。

「ムシャーラカ」は、事業者とイスラム金融機関が一定比率で事業に出資し、それぞれの出資割合に応じた配当受領権、経営発言権を持つものです。また、損失発生時のリスク負担の責任も両方が負います。

そのほかにも、われわれが知る、リース形式に近いものもあります。用語そのものは聞き慣れないものばかりですが、イスラム教以外の世界で行われている金融のシステムと、基本的には似た形態がとられています。

利子はないといっても利潤を手にすることは奨励されており、手数料も利潤として考えられています。イスラム金融ではシャリーアにかなったうえで利益が享受できるよう、さまざまな工夫を重ね、システムをつくり上げています。

もうひとつ、イスラム金融において興味深い点は、投資してはいけないものがあることです。

たとえば、酒類をあつかう会社は投資先としてはダメです。また、豚肉などをあつかっている会社もダメです。飲酒や豚肉を食べることはシャリーアで禁じられていますから。

それから、非常に不確実なものにも投資してはいけません。よってギャンブルやギャンブル性が高い企業もダメ。もちろん、一般の銀行もダメです。銀行は利子を取り、シャリーアに反するからです。

このように、シャリーアに適格なものにしか投資してはいけない、という考え方がイスラム金融の根底にあります。

イスラム金融を行う各金融機関にはシャリーアに通じた法学者がいます。企業が顧問弁護士を抱えるのと同じです。彼らの役目は、金融の方法なり、金融商品なり、投資先なりがシャリーアにかなっているか否かを判断することにあって、委員会をつくりシャリーアに適格なものだけを選び、債券や金融商品として売ることを許します。

ただし最近では、リスクをともなうような金融商品を扱う金融機関も出てきました。こうしたイスラム金融には、ヨーロッパや日本を含めたアジアの銀行や金融機関も参入してきています。

システムが進化し新たな商品が――水野

イスラムへの回帰によって、急成長するイスラム金融。急成長の背景には、金融技術の向上などもあげられるのではないでしょうか。

個人を対象とした商品には住宅ローンや自動車ローンなど、さまざまな商品が開発されています。やはり、人々の日常にかかわるものを多く開発していけば、金融は成長します。

また企業を対象とした商品や債券などが開発され、長期や大規模な資金調達も可能になっています。実際、資金調達の側に立つと、イスラム金融を利用したほうが低コストですむ場合も多々あるそうです。こういったシステムの進歩によって、非ムスリム、外国人投資家、外国企業を多く引き寄せているのでしょう。

また先ほど、シャリーアに対する解釈などに差異があるとのお話が出ましたが、イスラム金融の顧客にも、さまざまなタイプがあるようです。宗教的な理由でイスラム金融のみを使う顧客もいれば、ほかの金融と似たような内容ならば、イスラム金融を選ぶ顧客もいる。また、イスラム金融をほかの金融と区別することなく、単純に収益性が高いほうを選ぶ顧客もいる。意外なほど柔軟です。

ところでイスラム教において「消費」は、どのようにとらえられているのでしょうか。

イスラム教とカネ余りの関係——島田

イスラム教の「お金を使う」といった側面でかかわってくるのが、「偶像崇拝の禁止」です。

世界中には巨大なモスクがたくさんあります。ところがモスクを見ると、偶像崇拝が禁じられているために、神様はもちろんムハンマドの姿も描かれていません。モスクの建物はタイルばりになっていますが、具象的なものはいっさいなく、幾何学模様だけで構成されたシンプルなものです。

モスクはキリスト教の教会と違って、誰もそこに所属しません。キリスト教の教会などはメンバーが定まっており、メンバーが寄進して自分たちの教会をつくることになります。日本のお寺でも檀家《だんか》というメンバーがいます。神社にも氏子《うじこ》がいます。

しかし、モスクは礼拝所であり、誰もそこには所属していません。たまたま近くにあるモスクに行って礼拝すればいいわけで、そこには基本的に集団で礼拝するための施設以上の意味がないのです。

そして、モスクの内部には、神聖なものはいっさいありません。十字架や仏像みたいなものが置かれることはありません。あるのは、メッカの方向を表すミフラーブだけです。したがって、イスラム教の世界では、宗教美術の制作が大いに流行するということはありません。

イスラム金融は、もともとメッカに巡礼するためのお金を貯めるために生まれました。メッカに巡礼するには、かなりの費用がかかります。近くの地域なら歩いても行けますが、世界最大のイスラム教国であるインドネシアから巡礼に行くとなると、飛行機も使わなければなりませんし、かなりの費用を必要とします。巡礼には、「一生に一度行ければいい」ともいわれますが、ある程度の蓄えがなければ、巡礼には行けないのです。

しかも、何日もかかります。仕事を休んで行くわけですから、帰ってきてからが大変で、生活が破綻《はたん》する例もあったようです。そうしたことがないように、みなでお金を出し合って基金をつくり、順番に巡礼に行けるようにしたのがイスラム金融の始まりでした。

金融のあり方としては、日本にも同じようなシステムがありました。同じ信仰をともにする人々の社会的な集まり、「講《こう》」です。

たとえば、「伊勢講《いせこう》」というものがありますが、お伊勢さんに行くために、みんなでお金を出し合い集めて、年ごとに抽選して行く人を決めるのです。「講」は宗教目的でつくられたものですが、同時にある種の小口金融的な性格を持っていました。ですから、そうした講は、「頼母子講《たのもしこう》」もしくは「無尽講《むじんこう》」などと呼ばれました。

これは仲間が集まり掛け金を払い、まとまったお金を仲間内で、困っている人に融資するシステムです。鎌倉時代からあったとされ、現在でも地方の農村、漁村に残されています。

イスラム教は神道《しんとう》に近いもの――島田

日本人の目には、イスラム教は戒律が厳しく、禁欲的な宗教と映るかもしれません。しかし、じつはイスラム教は、商売と縁が深い宗教なのです。そもそも開祖のムハンマド自身が商人でした。

ムハンマドは五七〇年頃にメッカで生まれていますが、メッカは商業都市です。彼が生まれたときにはすでに父は亡く、母も幼い頃に他界してしまいます。そして商人一族の祖父や伯父によって育てられ、成長するとムハンマド自身も商人の道を歩みます。

商人となったムハンマドは、二十代の半ばで富裕な女商人と結婚し、二男四女をもうけます。しかし、男の子どもは死んでしまいます。やがて悩みを抱えたムハンマドは、ヒラー山の洞窟で瞑想《めいそう》にふけり、そこで大天使ジブリール（ガブリエル）と出会い、唯一神であるアッラーの啓示を受けたとされています。この啓示をまとめたものがコーランです。

ムハンマドはその後、イスラム教を布教しますが、それは多くの商人に受け入れられていきます。そう、イスラム教は商人のあいだに広まった宗教なのです。

コーランでは、神と人間との関係を商取引にたとえています。神と人とのあいだには契約が成立していて、人間がしっかり信心を怠らなければ、神はそれに十分に報いてくれると説かれました。

このように、イスラム教はもともと商業的な性格を持ち、商人の宗教として出発します。イスラム教を広めたのも、各地を渡り歩く商人たちでした。その結果、アラブ人以外にも広まり、アッバース朝が成立し、イスラム帝国が誕生します。そして、イスラム帝国は繁栄し、文化的にも高度な域に到達します。

この時代、ヨーロッパはまだ立ち後れていて、科学の面でも、哲学、思想、そして神学の面でも、イスラム教の世界のほうがはるかに進んでいました。ギリシャやローマの思想家の著作なども、イスラム教世界には伝えられていても、ヨーロッパには残っていませんでした。

ヨーロッパでルネッサンスが起こったのも、イスラム世界にさまざまな文献が残され、それを利用することができたからです。現在では、イスラムの世界は文化的に後れているように思われがちですが、かつてイスラム帝国は世界に君臨していました。

イスラム教は、誕生した当時、周囲にユダヤ教徒やキリスト教徒が存在し、その影響を受けていますので、同じ一神教に分類されます。ただ、キリスト教と比較したとき、両者にはかなりの違いがあります。

決定的なのは「禁欲主義」をとるか否かです。キリスト教の核には禁欲主義があるのに対して、イスラム教の考え方には禁欲主義の発想がありません。禁欲主義がないから、イスラム教では、「出家」という発想がなく、出家した聖職者というものも存在しません。そもそもイスラム教では聖と俗とが区別されません。モスクに聖なるものがないのも同じことです。イスラム教では、誰もが俗人《ぞくじん》なのです。

禁欲主義の立場をとるキリスト教では、性的な問題が非常に重要になります。「原罪」という観念はユダヤ教から受け継いだものですが、とくにキリスト教では、その点が強調され、イエス・キリストは人類の罪をあがなうために十字架に掛けられたと考えられています。

またイスラム教には、ムハンマドの言行録《げんこうろく》として「ハディース」があります。いっぽう、コーランはムハンマドへの啓示というかたちで、天使を通して神自身が語った言葉とされています。

ハディースは、ムハンマド自身が生活のなかで語った言葉や行動などについて、周囲にいた人間の証言をまとめたものです。ハディースのなかで重要なのは、礼拝のときにどうやって清めるかということです。

私は、イスラム教は日本の神道《しんとう》に近いものだと考えています。神に礼拝するための作法を核にしている点で、ふたつの宗教は似ています。神道でも、礼拝する際には、肉や魚の類を口にしない、飲酒や性行為を避けるなどの、いわゆる「精進潔斎《しょうじんけっさい》」で身を清めます。イスラム教と同じように、神道でも、聖職者ではなく俗人としての立場をとります。

ハディースには、奥さんとセックスしたあとに、精液でよごれた服や身体をどう清めたらいいのか、といったことがこと細かに書かれています。

このように、イスラム教は禁欲的ではないわけですから、資本主義に対しても適合的な部分があると思います。

中国を凌駕《りょうが》するオイルマネー――水野

イスラム教が意外にも禁欲的ではなく、資本主義的なものにマッチしているというお話は、現在のオイルマネーのすさまじいほどの勢いを見ても、納得できるものがあります。まず、なぜこれほどまでにオイルマネーが膨れあがっているかというと、先ほどお話しした二十一世紀の価格革命が起きているからだと思います。

価格革命は第一幕が終わって、まだ中間地点にあるといえます。原油価格が一バレル＝百十ドルというのは、第一幕が終わったばかりと評価できます。名目百ドル／バレルというのは、実質価格（一九六〇年アメリカ消費者物価基準）に換算すると十五・八ドルです。実質十五・八ドルというのは、二十世紀の初頭の実質価格が二・五ドルでしたから、石油の世紀である二十世紀の百年で、約六・三倍になったことになります。

先進国のなかで、百年にわたって実質ＧＤＰのデータが存在するのはイギリスです。そのイギリスの実質ＧＤＰは、二十世紀に六・四倍になりました。実質原油価格は一九九八年に二・六ドルにふたたび落ち込んで、ようやくこの十年で百年分の先進国の実質ＧＤＰの上昇に追いついたのです。

二十一世紀の価格革命の第二幕が開いたときに、原油価格は二十世紀の均衡価格を取り戻して、スタートラインにつくことに間に合ったといえます。ということは、資源・食糧の新しい価格体系に移行する過程が第二幕と理解すれば、原油価格はこれからさらに上昇する可能性が高いのです。

今後の原油の価格がどうなるかは、二十一世紀の価格革命の進展しだいということになり、先行きが読めない状況が続いています。

値上がりした原油価格の輸出により、石油輸出国の貿易黒字が増加します。石油輸出国が二〇〇六年から二〇〇七年の二年間で積み上げたマネーは、九千二百四十億ドル、日本円にして約百八兆円となります。

中国は工業製品を一生懸命につくって、二〇〇七年の一年間で二千六百十五億ドル(三十・八兆円)と、巨額の貿易黒字を生み出しています。中国は二〇〇一年末にWTO(世界貿易機関)に加盟して以来、高度成長を遂げているのですが、この間、中国が六年間かけて積み上げた貿易黒字が六千三百億ドルになります。ですから、中東はこの二年間で中国の六年分の約一・五倍も積み上げているわけです。

つまり、中国の四～五倍のスピードで、マネーを積み上げているのです。中国の近代化はおよそ日本の三倍の速さで進んでいますので、中東の資産蓄積テンポが、いかにすごいかがわかります。

さらに、仮に原油価格が年間を通じて百二十ドルだとしますと、年間の石油輸出国の黒字は八千六百億ドルになります。

そして、世界の投資のために使われるオイルマネーの大半を、最近注目を浴びるようになった、中東の政府系ファンド（ＳＷＦ）が扱っています。政府系ファンドはその名の通り政府が運営するファンドで、民間のファンドとは性質が異なります。

民間のファンドであれば、当然のことながら利益を最優先させます。ところが政府系ファンドには、そこに「国益」という要素が加わります。欧米では突如、政府系ファンドが企業の大株主として登場するケースもあり、自国の企業が外国政府の支配下に置かれることを警戒する声も強まっています。

しかし、基本的には民間資本と国家資本は、一年決算か長期投資かで時間軸が異なることはあっても、利益を増やすという観点では同じだと思います。イギリスのエコノミスト誌によれば、「西側諸国は政府系ファンドの多くが、先進国の金融機関に出資していることに危機感を募らせている」と指摘していますが、同誌はＳＷＦが欧米の巨大金融機関に出資しているのは「アジアの中産階級と連携したいからだ」と伝えています。

アジアの中産階級の成長とリンクして伸びることができるのは、アジアに根を下ろしている欧米の巨大金融機関だからというのが理由です。このように政府系ファンドも、今後もっとも成長が期待できるところに出資してくるのです。

中東諸国は原油に対する依存が大きく、石油が枯渇《こかつ》する前に、あるいは代替エネルギーが石油にとってかわる前に、金融投資立国の基盤を築いておこうとしています。また、欧米や日本など先進国の優良企業に投資するだけでなく、世界の頭脳を集めるといった動きも活発です。

ドバイに見るイスラムの未来——島田

世界各国から大企業が進出し発展を遂げている中東の代表都市といえば、ドバイですね。最近は、日本でもドバイへの観光ツアーが組まれるようになりました。

宗教的にいうと、イスラム教を国教とするアラブ首長国連邦にありながら、ドバイはイスラム色の薄い都市です。クウェートなどもそうですが、ドバイの経済を底辺で支えるのは外国人労働者で、とくにドバイにはインド人が多く、「世界で最も美しいインド人の町」などとも呼ばれています。インドに対しては随分と皮肉な言い方ですが。

食べ物の制約も少なく、イスラム教で不浄とされる豚肉の料理を出すレストランもあります。酒はイスラム教の規律で禁じられてはいますが、許可を得たホテルやレストランでは客にアルコール類を出しています。また、国外からの持ち込みも可能など、規律は緩い。その点では、外国人には住みやすい環境が整っています。

先ほど、石油が枯渇するであろう将来を見すえ、中東各国が戦略的な投資をしているというお話がありましたが、そういった点で、ドバイは先を行っています。

ドバイは中東にあっても石油の埋蔵量は決して多くはありません。そこで石油依存型からの脱却のため、一九八〇年代から産業の多角化を進めてきました。具体的には、外国資本の直接投資の促進や、外国人労働者を受け入れられる経済特区の創設などです。

これにより外国から企業を呼び込み、中東における金融と流通の一大拠点として発展しました。ドバイにはすぐれた技術を持つ金融機関が、続々と集まりつつあります。また、観光都市としても人気です。

ドバイのイスラム金融の特徴は、大型の案件が多いことにあり、イスラム金融の債券である「スクーク」の大規模な発行が行われています。一般金融も充実したうえに、イスラム金融を強化する国際的な金融機関が多数あります。

現在のドバイを率いるムハンマド首長は、まるで大企業のＣＥＯ（最高経営責任者）のように見えます。ひっきりなしにビジネスにかかわる連絡が携帯電話に入り、テキパキと指示を出している。いずれにしても、政府系ファンドのこれからの戦略から、目を離すことはできないでしょうね。

描きかえられる世界経済の地図——水野

ドバイは外国人労働者との経済的格差などの問題を内包していますが、今のところ繁栄の勢いにかき消され、顕著《けんちょ》化はしていません。「脱原油依存」の格好のモデルケースといえるでしょう。

中東の経済的繁栄を牽引《けんいん》する政府系ファンド。その代表的なものが、アラブ首長国連邦のアブダビ投資庁とＤＩＣ（ドバイ・インターナショナル・キャピタル）、サウジアラビアのサウジアラビア投資庁、カタールのカタール投資庁、そしてクウェートのクウェート投資庁です。

その資金力は巨大です。アブダビ投資庁が百兆円、ソニーの株式を大量に購入し話題になったＤＩＣが三兆円、サウジアラビア投資庁が三十三兆円、カタール投資庁が八兆円、そしてクウェート投資庁が二十七兆円。これら五つの政府系ファンドの総計は百七十兆円を超えています。いまやこの巨額のマネーを抜きにして、世界の経済を語れないのです。

実際、サブプライムローンの問題でも、アブダビ投資庁がシティグループに八千五百億円の出資をしたとされています。また、中東ではないのですが、シンガポールの政府系ファンドがメリルリンチに五千億円を、中国の政府系ファンドがモルガン・スタンレーに五千七百億円を出資しました。今後の十年で、中東系の政府ファンドを中心に、世界の政府系ファンドの規模は、一千五百兆円に届くのではないかという憶測さえあるほどです。

先ほどのアメリカの金融機関は、外国の政府系ファンドがいなければ破綻していたかもしれないのです。ただし、喜んでばかりもいられない。すでにお話ししたように、政府系ファンドは「利益＋国家戦略」で動くからです。受け入れる側としては透明性が問題となりますが、とくに中国は透明性が低いといわれています。

ちなみに、サブプライムローン問題での損失額は、シティグループが一兆九千億円、メリルリンチが一兆九千六百億円、モルガン・スタンレーが一兆一千百億円です。その結果、銀行がお金を貸さなくなり貸し渋りが発生し、アメリカの消費が冷えこんでしまいました。

では、オイルマネーはどこに行くのか――。これからは、その行き先が世界経済の鍵になるでしょう。

これまでは、オイルマネーは「マネー集中一括管理システム」により、おもにアメリカに向かっていました。しかし、サブプライムローン問題が顕在化した二〇〇七年七～九月期には、アメリカからEUやイギリスに資本の流れが変わってしまいました。

また中東にとどまったマネーは、直接ヨーロッパに向かおうとしているので、低迷するヨーロッパの企業は、オイルマネーに期待しています。アメリカのつくり上げたシステムはかげりを見せ、マネーは世界に分散する傾向にあります。

また二〇〇六年には、イギリスとEUなど欧州は、計六千億ドルの対米証券投資を行いました。ところが、サブプライムローン問題が起きた二〇〇七年八月には三百四十億ドルものお金がアメリカから逃げ出します。調査開始以来最大で、いかに外国人がアメリカに対して不安を持ったかがわかります。

かつては、世界の経済の地図はアメリカを中心に描かれていた。しかし、現在ではその中心地が大西洋を渡り、東へ、東へと移りつつあるのです。

倒したはずの相手が金持ちになっている――島田

オイルマネーの行き先が、さらにイスラム金融へ傾斜するとしたら、マレーシアやバーレーンあたりに流れるのでしょうか。

マレーシアは、スクークの市場において重要な位置を占めています。シェア六十％以上のダントツの一位で、二位のアラブ首長国連邦を大きく引き離しています。ただ、扱う商品についてシャリーアにかなっているかどうか、疑問視する人もいます。中東ではないだけに、縛りが緩いのでしょう。

バーレーンは中東の金融センター的な存在であり、日系の金融機関を含め各国の国際的な金融機関が拠点を置いています。それから、シンガポール。シンガポールは早い段階でイスラム金融の研究を進めており、首相経験者でもあるゴー・チョクトンが「イスラム金融サービスを提供できなければ、国際金融センターとして不完全」といった発言をしているほどです。またロンドンも早い段階で、イスラム金融に力を入れています。

ところで、一九九五年、ルービンの「強いドル政策」からの流れをうかがっていると、冷戦が崩壊して「アメリカが一人勝ち」などといっていたのは、ごく短い期間だったという印象を受けます。中東各国も莫大なオイルマネーを手にし、ロシアや中国もお金をいっぱい持っています。先ほど政府系ファンドの話が出ましたが、ロシアも天然ガスを背景に政府系ファンドの動きが活発で、とくにヨーロッパの企業を買い占めています。

気づいてみると、倒したと思っていた相手が、いちばんお金を持っている。アメリカにとって、そんな皮肉な状況になってしまったようです。ただ、アメリカがこのまま手をこまねいているとは思えません。

だから、二酸化炭素の排出による地球温暖化をあおり、世界のエネルギー市場を変えようとしているのではないか、その疑問につながっていくわけです。

となると、一九九五年にアメリカが世界に経済変革を仕掛けたものの、結果的にそれに失敗したということになるのでしょうか。

祖国を見捨てたアメリカ系金融機関——水野

アメリカ全体が失敗したとしても、アラブ諸国の巨額の資金を運用しているのは、アメリカ系の金融機関に属しているファンド・マネージャーたちです。そこの利ざやをアブダビ投資庁で稼げば、リターンの何割かが成功報酬として入ってくるわけです。アメリカという国家が敗者であっても、アメリカ系の金融機関で働く人々は勝者なのでしょうね。

サブプライムローン問題の処置で、犠牲を低所得者層を中心としたアメリカ国民に押しつけて、サブプライムローンの証券化市場からお金を逃がして、それをオイルに回して原油価格を上げる。

しかも、メリルリンチの株主になったアブダビ投資庁は十一%のリターンを要求していますから、サブプライムローン関連の証券化商品並みの、高いリターンを得ているのです。その投資アドバイザーにアメリカ系の金融機関がいる。彼らはすごい成功報酬を手にしているのでしょうね。

そういう人たちは、もはや国に固執していないと思います。一九五〇年代や六〇年代の「GMにとって良いことは、アメリカにとっても良いことだ」に象徴されるような、資本と国家が一体化した時代は終わったということを、認識しないといけないのかもしれません。アメリカという国のためにやっているわけではないのだと。

こういった動きも、「資本主義2・0」の典型的なものだと思います。「国家と資本の一体化」の大前提なんてものは、どこにもないのですから。

またアメリカの年金ファンドも、石油投機に向かっています。年金ファンドは一般庶民のお金を運用しています。投機で年金全体のお金は増えるかもしれませんが、国民全体の生活がエネルギーコストの上昇で苦しくなってしまいます。

こういった動きで、世界のマネー、いわゆる世界の金融資産は、一九九五年に六十三・四兆ドルだったのですが、二〇〇六年には百五十一・九兆ドルに膨らんでいます。十一年で八十八・五兆ドル増えました。それに対して、世界の商品市場の年間生産額は約十兆ドルです。ここでいう商品市場というのは、金と原油、穀物、そして貴金属です。

十一年間で、約九年分の世界の商品市場を買い占めるマネーが増えたのです。ますますマネーが実物経済（商品市場）を振り回すことになります。

ドル離れの果てにあるもの――水野

最近では、湾岸諸国が為替制度について、「ドルペッグ制」をやめて「通貨バスケット制」に移行したいといい出しています。

ドルペッグ制とは、自国の貨幣相場をUSドルと連動させる方式です。

湾岸諸国にとってアメリカは結びつきの強い国で、ドルペッグ制は貿易を円滑に行えるなどのメリットはあります。しかし、逆にアメリカの金利政策の影響を、まともに受けてしまいます。ちなみに日本などの主要国は「変動相場制」です。変動相場制は市場の需給により、為替レートを自由に決定させる方式です。

現在、湾岸諸国は、ドルの下落で原油収入やドル資産が大きく目減りしています。原油価格が高騰しても最終的にはドルに連結させるため、目減りしてしまうのです。そこで持ち出したのが通貨バスケット制です。

通貨バスケット制は、自国の通貨を複数の外貨に連動したレートにする固定相場制です。

複数の外貨に連動するので、USドルの影響を受けにくくなります。しかし計算法が面倒になるなどのデメリットもあります。採用しているのは中国にシンガポール、ロシアです。

二〇〇七年十二月に、ドーハでGCC（湾岸協力会議）が開かれました。GCCのメンバーはサウジアラビア、アラブ首長国連邦、カタール、クウェート、オマーン、そしてバーレーンの六ヵ国です。

この会議では「いかにしてドル安を乗り切るか？」が重要な懸案だったのですが、加盟国のあいだではドルペッグ制を廃止するか否かで、意見が分かれているようです。結局、足並みはそろわなかったようで、サウジアラビアはドルペッグ制の廃止について否定的な見解を示し、とりあえずドルペッグ制は維持されることになりました。

ただ、これほどまでに、ドル離れの傾向が強くなっているのです。

これについて、元野村證券会長の田淵節也《たぶちせつや》さんは「ドルとゴールドと原油を入れてバスケット制にしたら良いのでは」と発言されています。いわば原油本位制のようなものです。

こうなると、最初にドル体制が崩壊する可能性があります。これまでは「世界経済はドル＝資本主義」ですから、まさに、「資本主義1・0」の崩壊です。原油がバスケット制に入れば、その国の原油埋蔵量が外貨準備のような概念になるでしょうから。これは本当にイスラムの力ですね。

それはアメリカにとっての「不安定の弧《こ》」が、世界を牛耳《ぎゅうじ》る時代の到来といえます。「不安定の弧」とは、中東地域から南アジアにかけての帯状の紛争多発地域のことです。米軍基地が少なく、テロリストの温床となりやすいと、アメリカが見なしている地域です。

政治的に不安定なところが経済の中心になる。この皮肉な結果を、どう解釈したらいいのか……。

一九八〇年代から一九九五年までは、世界経済の中心は日本でした。それが「強いドル政策」でアメリカに移行しました。ところが、今度はその中心が「不安定の弧」に移る可能性があります。

しかも世界の政治・経済のシステムが変わるとき、具体的には「資本主義1・0」から「資本主義2・0」に移行するときには、それだけでも対応できる人と、そうでない人に分かれてしまいます。そのうえ、政治がその変化を認識できていないのですから、これでは経済も社会も、ますます不安定になってしまいます。

五百年の時を経て復活する帝国群——水野

アメリカにとって脅威なのが「不安定の弧」と、中国、ロシアでしょう。そして皮肉なことに、この地域は今から約五百年前、世界を支配していた四つの帝国と重なるのです。それは、アルジェリアからエジプト、黒海沿岸、ペルシャ湾を支配したオスマン帝国、ロシアの広大な地から中央アジアまでを支配したロマノフ王朝、インド半島を支配したイスラム王朝のムガール帝国、そして、中国を支配した清帝国です。

これら帝国の支配はその後も続き、十七世紀半ば、四つの帝国の占める合計GDPは、世界の五十六%を占めていました。それに対して、西欧十六ヵ国にアメリカ、カナダ、オーストラリア、ニュージーランドを加えた、現在の先進二十ヵ国の合計GDPのシェアは、当時二十・二%でしかありませんでした。

その後、ヨーロッパの各国が国民国家の道を歩み始め、そこからの五百年は、帝国国家の時代から国民国家へという時代の潮流が、世界を支配します。世界を支配した四つの帝国は衰退の一途をたどるのです。

そして、二〇〇一年の時点で、先の先進二十ヵ国に日本を加えた二十一ヵ国の合計GDPは、世界の五十一・八%を占めるようになります。それに対し、旧四帝国の合計GDPは、二十二・四%しかありません。五百年間で、立場は逆転したのです。

しかし「資本主義2・0」の時代を迎えた今、四つの帝国が復活しようとしています。五百年の時を経て、時代の歯車が、ふたたび回り始めたのです。

第五章　富者と貧者——引き裂かれる日本

国民生活と景気回復の乖離《かいり》——島田

日本はずっと好景気だといわれてきました。ところが、景気回復を国民は実感してきていません。

よくテレビのニュースで、街頭のサラリーマンに景気について、アンケート的なインタビューをしているのを見かけます。場所はだいたい東京の新橋。有楽町でも銀座でも、ましてや六本木ヒルズ界隈《かいわい》といった、華やかに発展している場所ではありません。おそらく新橋というのは、平均的なサラリーマンが集まる街なので、国民の平均的な答えを得るためには格好の場所なのでしょう。

そうした新橋の街頭インタビューでは、サラリーマンの多くが「景気が回復した？　冗談じゃないよ」「どこがいいの？」と、景気回復にはずっと否定的でした。また、忙しくてしょうがないといった様子もない。テレビ局が意図的に編集しているわけでもないでしょうし、そこに日本の平均的なサラリーマン、つまりは現在の平均的な日本人のホンネが表れているといえるでしょう。

景気回復が庶民の生活を豊かにするというのは、「資本主義１・０」の大前提でした。ところが、「資本主義2・0」の時代にさしかかると、そのパラダイムが通用しなくなってきた。少なくとも、今、景気回復が国民生活から乖離《かいり》しているような気がしてなりません。

複雑に二極化する景気の動向――水野

たしかに、街頭インタビューの答えが、国民の実感だと思います。ところがいっぽうで、街頭インタビューに答えている人たちとは対照的に、「バブルの頃よりも忙しい！」と悲鳴を上げている人たちもいます。

私は、定期的にセミナーで翌年の景気について語りますが、二〇〇二年頃に、あるセミナーでメーカーの財務部の方に「あなたがいうほど、景気は悪くないですよ」といわれたことがあります。

エコノミストの場合、たとえば二月の数字が上向きになったとしても、その結果は数ヵ月後に出て、そこで初めてトレンドを理解できます。しかし、企業の財務担当者は日々の売上状況を把握して景気を肌身で感じているので、その実感には、重要なヒントが隠されている場合がよくあります。

そのとき私は、日本経済をひとくくりにして、マクロ的に景気は良くないと話していたのですが、マクロの数字で見るのではなく、業種別に調べる必要があると考えました。

そこで業種別に調べていくと、自動車産業と鉄関連が良いとわかってきました。セミナーで「景気は悪くないですよ」と指摘してくれた方も、自動車関係です。自動車と鉄は二〇〇〇年のインテル・ショックで一度は落ち込んでいますが、二〇〇一年の末に中国のWTO（世界貿易機関）加盟という、大きな動きがありました。

中国がWTOに加盟すれば貿易の自由化が進み、十三億人の巨大な市場が誕生、そして近代化がスタートします。

近代化が進むと都市化が起きます。農村から都会へと人の移動が起きて、マンションブームが起きるので、鉄の需要が急増します。そして、モータリゼーションで自動車が普及します。近代に人々が求めるのは「より遠く」「より速く」ですから、自動車は近代化の象徴なのです。

また、同じ時期にIT革命も起こっています。そこで、自動車、鉄、IT産業だけをグループ分けして、長期で「一人当たりの実質GDP」を調べてみると、それぞれの率は違いますが、一九九〇年の半ばから、それまでの成長トレンドが上方屈折するかたちで伸びているのに気づいたのです。いわば、非連続的な変化が起きていたのです。

そして次に非製造業を調べてみました。非製造業とは不動産、ノンバンクなどバブルで大きな打撃を受けた業種です。ほかにも事業所サービス、個人向けサービス、旅行などのレジャーなど、いわゆる「目に見えるもの」を提供しないのが非製造業です。

これら非製造業を束ねてみると、企業のサイズにかかわらず、一人当たりの実質GDPは下がっているのです。もちろん、つねに下がり続けているかというと、そうではありません。ジグザグで推移するのですが、上がって山を迎えても、前回の山を越えられないのです。だから、山も谷もジリジリと下がり続けているのです。

大企業・非製造業の一人当たり実質GDPも、一九八八年をピークに二〇〇五年まで十七年間も下落基調が続いていました。ようやく、二〇〇六年以降下げ止まりの傾向が見えているのですが、サブプライムローン問題の影響が実物経済に出てくるでしょうから、まだ趨勢《すうせい》として下げ止まったと判断するのは早計かもしれません。

逆に自動車、鉄、IT産業だけのグループは、つねにといっていいほど、山も谷も前回を越えていました。

つまり、右肩上がりのベクトルの製造業と、右肩下がりの非製造業という、二極化が進んでいたのです。

では、製造業のすべてが上がっているのか？　そこで最終需要材、つまり自動車やカラーテレビといった製品と、生産材、つまり半導体などの部品に分けて調べてみると、最終需要材の生産指数は前回の山を抜けないのです。自動車などは海外生産が増えているうえに、輸出も増加していますので、産業のトータルとしては成長していますが、国内需要が減少しているから、国内向け出荷数量は趨勢的に減少傾向が続いています。

ところが半導体などの部品は、前回の山をどんどん切り上げています。これはＩＴ産業の分野です。製造業と非製造業といったかたちで二極化し、さらに製造業のなかでも二極化が進んでいたわけです。また大企業か中小企業かで違いが出ています。

このように、どの立場で景気を見るかによって、好景気か否かが、まったく異なってくるのだなということが、わかってきました。

景気回復が庶民を苦しめるカラクリ――島田

「資本主義１・０」の世界では、経済のパイが大きくなると全体的に豊かになる、というのが経験則でした。高度経済成長期ももちろんそうでしたし、バブルのときも同様です。ところが、バブル崩壊後には過去に例がない事態が起こっている。

しかし政府も、企業も、さらには労働者にしても、大多数はまだその変化に気づいていません。たとえば公明党と創価学会を見ても、いまだに昔のパラダイム、「資本主義１・０」

の考え方にしたがって動いています。

創価学会の会員の大半は、経済的に中流から下のほうの人たちです。創価学会が急拡大した初期の時代に入会した人たちは、高度経済成長期でしたから、好景気が自分たちの暮らしを良くすることを実感していました。

あるいは、そのときの感覚が強すぎて、今でもそれに縛られているのかもしれませんが、とくにそういう人たちは、「景気が良くなれば、自分のところにも還元されるんだ」という意識が抜けていない。ですから、自民党と連立した公明党は、いまだに景気回復の重要性を訴え、それが全体に波及すればいいという考え方を、とってきました。

それは、創価学会や公明党だけのことではなく、一般にも同じ意識が残っているように見えます。「土地の値段が上がれば、何とかなる」というような意識から抜け出せない。地価は回復基調に変化してきましたが、土地の値上がりは三大都市圏か、せいぜい政令指定都市に留まっていました。地方には波及しておらず、かえって地価は下がっていた。

景気回復が起こっても、地価の回復がいわれても、それは日本の国民全体には還元されることがない。そういう構造になっているにもかかわらず、認識のほうがついてきていないように見受けられます。

「下流」といった言葉さえ生まれ、格差の拡大を食い止める有効な手立てが見出せない。では、なぜ二極化してしまうのでしょうか？

第一の二極化――市場がグローバルか否か――水野

二極化の原因にはいくつかの要素があり、そのかたちもひとつではありません。戦後の日本の実質GDP成長率を見ると、一九七三年の第一次石油危機と、一九九一年のバブル崩壊の時期に、大きく下方屈折しています。それぞれの数字は、第一次石油危機によって、それまでの年率九・二％から年率三・七％に低下（一九七三年十〜十二月期から一九九〇年一〜三月期まで）、またバブル崩壊後の成長率を見ると年率一・五％です（一九九〇年一〜三月期から二〇〇七年十〜十二月期まで）。第一次石油危機で半分以下、バブル崩壊でさらに半分以下に伸び率が落ちてしまいました。

内閣府では十一の個別指標を合成することで景気動向指数（DI）を計算して、国内の景気の良し悪しを判断しています。

たとえば、鉱工業生産指数や稼働率指数など、製造業の活動に限られる指標が五つ、営業利益（全産業）など、製造業と非製造業の両者を含む指標が四つとなります。これに対して、非製造業に限った指標は商業販売額（小売業）など、ふたつしかありません。しかし、一九九〇年代半ばまではこれで良かったのです。なぜならば、製造業が先に動いて、その恩恵が非製造業や流通におよぶからです。

このように、製造業の生産、投資活動を把握することが、景気の転換点を早く見つけるカギになるのですが、それは製造業の影響を受けて非製造業も同じ方向に動くという規則性があったからです。また、産業間の成長率にも大きな開きがなかったから、平均値をもとに議論すれば良かったのです。

第一次石油危機やバブル崩壊の時代＝「資本主義1・0」の時代の話であればそれでもいい。しかし「資本主義2・0」の時代では通用しません。

そこで一九九五年を境に、私はその前後を比較してみました。

一九九一年から一九九四年まで、日本の実質GDP成長率は年率一・一％です。そして、一九九五年から二〇〇六年七〜九月期が年率一・三％と大差はありません。ところが、その中身は大きく異なります。

製造業のなかでも、中国などBRICsの近代化と関連性が高い大企業や、グローバル化をうながすIT関連産業（大企業）を足し合わせて成長率を計算してみます。すると、一九九〇年から一九九四年までは実質GDP成長率が年率〇・九％だったのにもかかわらず、一九九五年以降は年率七・三％なのです。

これがいかにすごい数字かということは、高度経済成長期の一九五六年から一九七三年の実質GDP成長率が年率九・一％だったことを考えればわかります。さらに、二〇〇二年以降の景気回復期においては、年率九・六％で成長して、BRICsのそれよりも高いのです。

いっぽう、非製造業と製造業でも中小企業でくくると、一九九〇年をピークにマイナス基調になっています。景気が回復しているといっても、高度成長産業と長期低迷産業の二極化、格差が出ているのです。

高度成長産業と長期低迷産業の違いは、グローバル＝販売拠点を海外まで展開できるか、あるいは、ドメスティック＝販売拠点が国内に限られているか、にあります。それは中国の実質GDP成長率と照らし合わせてみると見えてきます。

中国の二〇〇三年から二〇〇六年までの実質GDP成長率は年率十・一％です。中国などBRICsの高度成長と密接にリンクしているのが、製造業の大企業と、国境を越えてビジネスができるIT関連の産業です。

私はこういったグローバルに展開できる企業を「グローバル経済圏企業」、逆にドメスティックな産業に限られる企業・産業を、「ドメスティック経済圏産業」と呼んでいます。

以前であれば、大企業をピラミッドの頂点にして、国内の中小企業が下のほうを構成していました。ところが現在では、生産の拠点が低賃金の海外に移ったために、外国の企業がピラミッドの下のほうを構成しています。つまり、外国で販売して得た利益を、外国に分配し、そこで完結している。そういった構造ができ上がっているわけです。

大企業やＩＴ関連ならば、直接外国とビジネスが展開できます。しかし中小企業では、そういったビジネス展開は容易ではありません。

また非製造業も同様です。マーケットを外国まで展開できるか、それとも国内に限られてしまうか、そこに二極化の原因があるのです。

一九九五年以降、高度成長を遂げるグローバル経済圏企業を細かくあげていくと、非鉄金属、電気機械、精密機械、一般機械、情報通信、鉄鋼、輸送用機器産業となります。前の五つの産業はＩＴ産業に数えることができます。

日本の高度経済成長期の市場は一億人でした。しかし今回、グローバル経済圏企業が相手にするのは、中国やブラジルなど近代化が進むＢＲＩＣｓ諸国、二十八億人です。一億人を相手にした成功モデルを持っているのだから、今度はそれをもっと洗練したかたちで二十八億人を相手にすればいいのです。グローバル化による不安定な要素はありますが、高度経済成長期よりもチャンスが大きいとも考えられます。

「資本主義2・0」を前に立ちすくむ産業――水野

いっぽう、ドメスティック経済圏産業に分類できるのが、グローバル経済圏企業に入っている情報通信と電力を除いた非製造業です。電力を除いたのは、製造業の経済活動と密接に連動するからです。

ドメスティック経済圏産業の一人当たりの実質GDPは、一九九〇年七～九月期をピークに長期的に水準が低下しています。

このピーク期から二〇〇七年十～十二月期まで、年率マイナス二・二％です（非製造業・規模計）。内訳は大企業がマイナス二・一％、中堅企業がマイナス二・三％、中小企業がマイナス二・〇％。大企業と中堅企業の落ち込みの理由は、土地投機を行いバブル崩壊の影響が大きかったからだと考えられます。

ドメスティック経済圏産業の二〇〇二年以降、つまり、景気が回復したとされる時期以降の実質GDP成長率を、大企業と中小企業にスポットを当てて見ていくと、大企業はプラス一・七％になっています。ところが中小企業はマイナス一・九％の成長です。しかも、中小の非製造業は全雇用者（法人企業勤務）の六割ですから、過半数の労働者が、マイナス成長の企業に身を置いていることになります。

非製造業のなかで大きなウエイトを占めているのは流通業で、その非製造業が長期にわたってマイナス成長となっているのは、大量消費社会が終わったことと大きな関係があると思います。

日本の国民一人当たりのGDPは一九九五年に四万ドルを超えて、生活水準が世界一位になっています。しかし「もっと大きな家」「高級車」と、欲をいえばキリはない。また生活するのに必要な「物」は、一九九五年前後にほとんど行きわたっていると思うのです。

そうすると大量生産、大量消費の時代は日本で真っ先に終わって、次はポスト工業社会の時代となるのでしょう。それを担うのは個人向けサービス産業なのでしょうが、個人向けサービス産業では「新しいサービスをどうやって提供するか？」という、ポスト近代の仕組みへの対応ができていないのが現状です。

サービス産業は「資本主義2・0」を前に、どう対応すればいいのかわからずに、立ちすくんでいるのです。

一九九〇年以降の日本の経済を「失われた十年」といいますが、これもひとくくりにするべきではないでしょう。実際はグローバル経済圏企業が失ったのはせいぜい五年です。しかし、ドメスティック経済圏産業はいまだに不況が続いているのだから、「失われた十数年」

といわざるをえない。しかも現在でも「失われ続けて」いるのです。

新たな船に乗れる者、乗れぬ者——島田

中小の非製造業が就労人口の六割であり、しかもマイナス成長が続いているのならば、新橋の街頭インタビューで「景気が回復しただなんて、とんでもない！」の答えが返ってくるのは、至極《しごく》、当然のことですね。

今のお話を聞いていると、ＢＲＩＣｓ諸国を相手にビジネスができるグローバル経済圏企業には、まるで大航海時代が訪れたかのようです。

大航海時代は、十五世紀末のヨーロッパで始まっています。それまでのヨーロッパの交易は地中海中心でしたが、これを機に、アジア、インド、アフリカへと加速度的に経済圏が広がりました。

やがて東インド会社が牽引《けんいん》し資本主義の時代が始まり、そのときには、たくさんの人が船に乗り込み異国を目指しました。

ところが「資本主義２・０」の大航海では状況が違う。ドメスティック経済圏産業はグローバル経済圏企業からの利益の享受が難しいので、船に乗れる者と乗れぬ者が出てきてしま

っている。日本の国民は引き裂かれてしまっているわけですね。

第二の二極化――資本vs.労働――水野

日本の国民を引き裂こうとしているのは、グローバル経済圏企業とドメスティック経済圏産業といったかたちだけではありません。「資本vs.労働」という二極化も起きているのだと、私は考えています。

景気の良し悪しを端的に表すのが、「実質GDP」です。名目GDPは、売上高から原材料などの中間投入額を控除した、いわゆる付加価値額なのです。

名目GDPには物価が上昇したぶんも混入していますので、経済活動が単に水ぶくれで増えているのか、あるいは生産数量の増加をともなって経済活動が活発化しているのかを区別するために、実質GDPを見なければなりません。実質GDPは名目GDPから物価変動を控除したものです。

たとえば、名目GDPで経済成長率が五%だから「景気がいい」と判断しても、物価が十%上昇していたら、実質的な経済成長率はマイナス五%となります。

GDPは、おおむね企業利益と雇用者所得の合計からなります。景気回復期には従来、企業の利益が増収となり、家計の所得も増加するのが当たり前でした。ところが、一九九九年頃から、この両者の関係が変わってきました。実質GDPが増加しても、実質的な雇用者の報酬が増えなくなってしまったのです。

二〇〇二年以降の景気回復期（二〇〇七年十〜十二月期まで）を見てみると、実質GDPは年率二・一%で成長していますが、実質雇用者報酬はわずか〇・三%のプラスです。ただしこれは、物価変動率を控除したあとの数字であって、名目雇用者報酬は、マイナス〇・三%なのです。

実質GDPと実質雇用者報酬の追随率を計算することで、いかに雇用者所得が実質GDPに連動しなくなったかがわかります。二〇〇二年以前では実質GDPが一%増加すると、実質雇用者報酬は一・一%増加しました。ところが、二〇〇二年以降の景気回復期（二〇〇七年まで）において、実質GDPの一%増加に対して実質雇用者報酬はわずか〇・一%しか増えていないのです。

このことからも、いかに実質的な雇用者の報酬が増えなくなってきたのかがわかります。さらに、実質GDPと実質雇用者報酬との相関関係を見ると、二〇〇二年以降、希薄化していることがわかりますので、実質GDPが一%増加したからといって、実質雇用者報酬が〇・一%確実に増えるとは断言できなくなっているのです。

ちょうど、このときが、一律賃金の上昇を保障してきた春闘の役割が終わったときでもありました。二〇〇一年に、連合は二〇〇二年春闘でベア統一要求を見送る方針を決め、実際二〇〇二年になると、当時経常利益一兆円を見込むトヨタでさえも、ベアゼロで労使が合意しています。これらのことに象徴されたように、この時期に、春闘が死を迎えたのでした。

労働者の六割が置かれる環境——水野

次に労働分配率に目を向けてみます。労働分配率とは、資本と雇用を投入して生み出された付加価値のうち、何%が雇用者に還元されたかを表す数字です。

法人企業の労働分配率は一九五五年度から一九七三年度まで、六十一・四%を中心にプラスマイナス三・〇%で推移しています。

ただし、一九七三年の第一次石油危機と一九九一年のバブル崩壊で、断層的に上がっています。不況になると、実質付加価値（GDP）が減少、ないし伸び率が大幅に鈍化するのですが、その比率に応じて雇用者報酬が減ることはありません。いわば、賃金の下方硬直性があったから、労働分配率が上がったわけです。

この一九七三年と一九九一年に非連続的な変化があったので、一九五五年度から二〇〇七年度までを、三つの時期に分けることができます。そのそれぞれの平均値を出すと、最初の時期の労働分配率が六十一・四%、真ん中の時期が七十三・七%、最後の時期が八十・七%となります。

労働分配率が六十一%から八十%へと大幅に上がったのは、石油危機とかバブル崩壊といった大きな構造的ショックが起きたとき、その負担の多くを企業が負ったからです。

ところが、日銀の分析によれば「金融システム・ショック発生前の一九九七年までのデータを用いた場合には、中高年層を中心に名目賃金の下方硬直性が確認された」(「日本の雇用システムについて」二〇〇〇年一月)のですが、賃金が大幅に下落した一九九八年までデータを延長して推計したところ、賃金の下方硬直性が消えたと結論づけています。

中小企業に絞って労働分配率を見てみると、一九五五年から一九七四年までが平均六十六・九%で、その次の一九九一年までは同七十八・六%に上がり、さらにバブル崩壊後においては八十六・一%に達しています。とくに、一九九九年四~六月期には九十一・五%まで上がりました。

いっぽう、グローバル経済圏の大企業も、金融システム不安をともなった一九九七年から一九九九年の不況期には危機的状況でした。細かく見ていくと、鉄鋼業の大企業の労働分配率が一九九八年四~六月期に、またネットバブル崩壊の影響で、電気機械産業の大企業の労働分配率が二〇〇二年七～九月期に、ともに百%を超えています。

百%を超えるということは企業の手元に何も残らないどころか、借金をするか、内部留保を取り崩すかして賃金を払わざるをえない状況です。グローバル経済圏の大企業であっても、鉄鋼業と電気機械産業などは、企業存続の危機に直面していたのです。

その後、グローバル経済圏の大企業はすさまじいリストラをします。そしてグローバル経済圏の大企業の労働分配率を見ると、一九九九年四～六月期の八十六・七%をピークに、二〇〇七年四～六月期には、労働分配率を五十八・三%へと低下させています（二〇〇七年十～十二月期は六十一・一%）。第一次石油危機以前の労働分配率（平均）が五十八・四%であったわけですから、それを下回ったということは、いかにこの間、収益率を向上させるかに腐心《ふしん》してきたかがわかります。

ドメスティック経済圏の中小企業は深刻です。リストラをしても名目付加価値の伸びが低いために、一九九八年十～十二月期の八十九・一%をピークに労働分配率が低下してはいるのですが、二〇〇七年十～十二月期の労働分配率が八十五・九%です。

これは一九九一年以降の平均値八十四・七%を上回っています。しかも、ドメスティック経済圏の中小企業の雇用は増えており、この期間で一人当たりの人件費は年平均で一・五%低下しています。

また景気回復を企業利潤の側面で牽引しているのはグローバル経済圏の企業ですが、グローバルゆえに、簡単に労働分配率を上げられない事情があります。グローバル経済圏企業は利潤率の高さを海外のグローバル経済圏企業と競っているのです。日本のグローバル経済圏企業の株主は、外国人投資家の比率が高くなっているからです。

そのためドメスティック経済圏の企業とは異なり、市場が企業に対して高い配当性向を求めるために、企業は株式資本を蓄積する必要があります。M&A（買収・合併）も活発に行われる海外投資はリスクが高いために、株式資本を強化せざるをえないのです。その結果、グローバル経済圏企業の労働者に対する配分は、低く抑えられてしまうのです。

今の日本では、大企業・製造業で働く雇用者は、全体のわずか六・四％にしかすぎません。いっぽう、一九九〇年以降もマイナス成長が続く中小企業・非製造業には、全雇用者の五十九・三％が従事しているのです。

企業の低利潤率体質が変わらなければ、実質成長率の増加分は資本に回り、人件費は抑制されたままとなります。こうした傾向は一時的なものではなく、構造的なものです。中小企業・非製造業の低利潤率体質が、そもそも「資本主義1・0」から「資本主義2・0」への移行に対応できないことに起因しているからです。その結果、消費は冷え込み、個人消費主導の景気回復は望めないことになる。この環境に、日本の労働者の六割が置かれているのです。

「大都市vs.地方都市」図式の疑問——島田

水野さんもそうだと思いますが、私は仕事がら、講演などで地方に出向くことがしばしばあります。先日、九州の福岡に行って、ちょっと感じたことがありました。

福岡市内のデパートに行くと、バーゲンでもなく、平日なのに人が多いのです。また商店街や普通の通りを歩いていても、人が多い感じがします。とくに何か目的があって人が集まってきているというよりは、普通に人がいて活気がある。これは言葉では伝えにくいのですが、何か雰囲気が昔の東京に似ているなと思いました。どこか高度経済成長期に似たにぎわいを感じたのです。

また、外国人の姿をよく見かけました。もちろん今の日本には世界中から人々が集まってくるので、外国人がいても珍しくありません。ただ、福岡にいる外国の人は、昔のように一目で国がわかるという感じではなく、なんといったらいいか、「アジア人」とひとくくりにできそうな雰囲気を持っているのです。

そこに日本人も混じっているわけで、それがあまり違和感もなく、区別がつかないかたちで共存している。それこそしゃべり始めて、「ああ、この人は外国語を話しているから、日本人じゃなさそうだな」といったようにです。

もともと福岡は韓国や中国に近く、大陸の宗教である仏教も、直接、福岡に伝えられてきました。とくに禅とその文化は、中国から伝わってきています。

その頃の禅寺では中国語が当たり前のように使われていた。すでにグローバル化していたわけです。そういう土壌《どじょう》を持っているし、歴史的なつながりも深く長いから、アジア圏の外国の人は福岡に来やすいのだと思います。そんな活気のある街を見たときに、福岡は経済的に良いのではないかと思いました。

よく「大都市と地方都市の格差」といわれますが、地方都市の福岡には当てはまらないような気がします。たしかに地方都市を平均すれば厳しいのでしょうが、東京と大阪、そして名古屋といった大都市と、それ以外の地方都市という「大都市vs.地方都市」という単純な二極化の図式で考えていいのか、その点はどうなのでしょう。

第三の二極化――「地域vs.地域」――水野

今、お話に出た福岡の景気は、決して悪くはありません。アジアに近くて、経済的にはアジア圏で、中国の近代化などの恩恵に与《あずか》っているのです。

二〇〇二年以降の景気回復期で、好調なのは名古屋と東京、福岡です。「大都市vs.地方都市」の格差の方程式でいけば、東京・大阪・名古屋は好調となるはずですが、大阪はあまり良くはない。大阪のイメージは商都であり、仮に序列をつければ東京の次ではないかと思います。ところが、その大阪がビジネスにおいて、名古屋の後塵《こうじん》を拝《はい》しているのです。

内閣府が発表した、二〇〇五年度の県民経済計算にもそれは表れています。都道府県別では、東京都が四百七十七万八千円でもっとも高く、二位は愛知県です。また、一九九四年に二位だった大阪府は、二〇〇四年度から二年連続で九位となり、都市間の競争で後れをとっているのです。

ちなみに、もっとも低いのは沖縄県で、東京都と沖縄県の一人当たりの所得格差は約二・四倍です。しかも、わずかですが前年よりも格差が広がっています。

日本全体を北海道、東北、関東、北陸、東海、近畿、四国、中国、九州、沖縄と、十の地

域に分けて考えると、もっとも好調なのは東海です。牽引しているのはトヨタ自動車を中心とした自動車産業です。

経済産業省の地域別鉱工業生産指数を見ると、二〇〇二年一月から二〇〇八年二月までの年率換算上昇率で、東海地区は年率八・三％増となります。全国平均が三・五％増ですから、東海地区は倍以上の伸びを見せているわけです。逆にもっとも悪いのは、北海道地区の一・五％増です。

東海地区には自動車産業や電気機械工業など、グローバル経済圏企業が集中しています。日産は九州など各地に分散していますが、トヨタはすぐに部品を調達できるようにするために、グループ会社のほとんどを愛知県内に集めています。また家電ではソニーが同じシステムをとっています。

大阪にもパナソニック、シャープ、サンヨーといった家電メーカーがありますが、自動車産業は組み立てですから、産業の裾野が家電より広いのです。日本のＧＤＰの一割程度が自動車産業に関連しているほどで、しかもトヨタ自動車は業界でも突出しています。

また、電機は利益面では自動車ほどはなく、世界的な需要増で操業性は上がりますが、過当競争で利益は増えない構造になってしまっています。

しかも、自動車はハイテク化して価格は上がっています。たとえばハイテク化する家電としてパソコンを考えてみると、一昔前までは四十万〜五十万円したのが、今では二十万円前後になり、ようやく下げ止まり感が出てきました。ただ、性能比でいえば価格は下がっています。

ハイテク化して価格が上がる自動車と、ハイテク化したのにもかかわらず価格が下がるパソコンの差は、産業としての成熟度の違いだと思います。自動車産業が生まれたのは一九〇八年で、百年の歴史を誇ります。それに比べてＩＴ産業は一九七〇〜八〇年代のスタートです。産業としてはまだ若く、若い産業であれば、改善・改良の余地がたくさん残されているということでしょう。

ＣＰＵのクロック数やハードディスクの容量など、パソコンの処理能力はこれからも向上するでしょうし、消費者もそれを望むと思います。しかし、時速二百キロで走る車を、ほとんどの消費者は求めはしません。同じハイテク化でも、求められるものによって利益性に違いが出るのです。

かつてであれば、ある地域の景気が良くなると、ある程度の時間が経てば、好景気が全国に広がる連動性がありました。ところが、二〇〇五年以降はこれが切れてしまっています。

北海道地区以外では、東北地区は逆相関とまではいいませんが、ほとんど相関がありません。近畿、関東、北陸が、どうにか東海地区と一緒に動いている程度です。

先ほどの二〇〇五年度の県民経済計算でも、全国平均が前年度比二・五％増のなか、もっとも成長率が高かった三重県は六・〇％増を記録しています。これは、亀山市にあるシャープの液晶工場が牽引した結果です。そして、中部でひとつの経済圏ができあがり、九州と四国が追随するものの、連動性は鈍い感じです。

以前のようにサービス業が元気ならば、東北や北海道にも波及するのでしょう。しかしそうならないのは、サービス業自体が時代の変化に、対応しきれていないからだと思います。

また、都市に絞れば東京は好調です。おそらく金融が押し上げていると考えられます。といえど、これも日本の金融業が欧米のそれと比べて競争力が高いわけではなく、グローバル化で国境を越えて、金融が集積したからです。そしてアジアに近い福岡も悪くはない。

ですから、「自動車」と「金融」と「アジア」との交流、この三つのキーワードが、地域の景気を左右するのではないでしょうか。

このように、グローバル経済圏企業を持つか否かで、地域に格差が出ています。「資本主義2・0」の時代には、それほどまでにグローバル化が、国境の内側まで入り込んでいるのです。

政治学者のベネディクト・アンダーソンは、ナショナリズム研究の新古典とでも呼べる著書『想像の共同体――ナショナリズムの起源と流行』で「国民はひとつの共同体として想像される。なぜなら、国民のなかにたとえ現実には不平等と搾取《さくしゅ》があるにせよ、国民は、常に、水平的な深い同志愛として心に思い描かれるからである」と記しています。

でも、あらゆる角度から分裂するこれからの日本では、アンダーソンが唱える「想像の共同体」が、壊れてしまうかもしれないのです。そして、この問題は日本固有の問題ではなくて、ほかの先進国でも遅かれ早かれ直面することになると思います。

そうなると、これまで日本人が持ってきた「日本人としての一体感」は、希薄になっていく可能性があります。それこそ、会ったこともない北海道の人と鹿児島の人が、一体感を持てるというのは、すでに崩壊しつつあるのかもしれません。

しかも、東海地区が好景気でも北海道や東北に波及しないなど、経済的な連動性が切れてしまっています。だったら、いっそのこと「道州制」を導入したほうがいいのでは、と考えることもできます。同じように動くのだったら中央集権的に、東京で命令したことが各地域に伝達されます。経済的な恩恵も、ある程度コントロールできる。しかし経済的にバラバラならば、政治的な意思決定もばらしたほうがいいと考えても、おかしくありません。

「道州制」は日本を活性化させるのか——島田

道州制については、ここ何年間も、活発な議論がされています。これから先、格差が拡大していくと、道州制導入ということがより現実味を帯びてくるかもしれません。

道州制は、もっぱら地方分権の強化、地方に国の権力や業務を移譲《いじょう》するという観点で問題にされていますが、都市と地方との格差が広がってくると、はたして道州制に移行して、各地方がやっていけるのか、経済的な問題が浮上してくるはずです。

現在、経済的な格差に苦しんでいる地域では、確固とした経済基盤が確立されていませんから、自分たちの地方だけで自立して運営することが難しい。中央政府からの財政的な援助がなければ成り立たないとすれば、道州制になってもあまり意味がありません。

その際に、道州制を安定させるには、各地域が、それぞれ独自に海外に市場を持つということが不可欠になってくるのではないでしょうか。

たとえば、北海道ならロシア、九州なら中国本土、沖縄なら台湾や他の南の国々などです。このように、地方の経済を安定させる市場の確保が可能になり、その市場に対して、それぞれの地域が関係を結ぶうえで特権を与えられ、他の地方はそれが制限されるような状況でもつくらなければ、道州制の導入は、さらなる格差の拡大に寄与することになってしまいそうです。

そうしたことは、なかなか難しいのだと思います。しかし外国人が現在、多数日本を訪れ、たんにビジネスをするだけではなく、観光をしたり、買い物をしたりしているのを見ると、別の可能性も考えられます。水野さんが指摘するドメスティック経済圏産業も、国内において外国人相手に商売をすることで、市場を拡大していくという手もあるような気がします。

なにしろ、日本は、ほかの国に比べてはるかに安定し、治安も悪くない安全な国です。食べ物もおいしい。しかも、あらゆる国の人を満足させるような多様な食文化が形成されています。文化の連続性もあり、その文化の上に優れた商品も生産されています。

中国などは、これは日本も責任の一端があるわけですが、文化の連続性はかなり失われています。決定的だったのは、文化大革命で、それによって貴重な文化が多く失われました。

また日本では、仏教が完全に廃止されるような事態は訪れませんでしたが、中国では、廃仏の嵐が吹き荒れ、僧侶が還俗《げんぞく》しなければならないときもありました。他民族による侵略も、中国では繰り返されてきました。しかしそういった侵略を、日本は経験していません。

日本人は、自分たちの強みをはっきりと意識できていないのではないか、そんな気がします。

弱点を補強するのは難しいことですが、強みを活かすことは比較的容易にできます。そうした観点に立って、私たちはもう一度「資本主義2・0」の世界において、日本がどういった道を歩んでいけばいいのかを考える必要があるでしょう。

第六章　「資本主義2・0」の時代へ

堀江・村上は「資本主義2・0」のアダ花――水野

「資本主義1・0」が限界に来て、「資本主義2・0」が生まれたのは歴史の必然だったと思います。その誕生を一九九五年だとすれば、歴史を動かしたのはアメリカでした。

アメリカが、今までと違う資本主義をどれほど意識していたかはわかりませんが、気づくと「資本主義2・0」は国家の手に負えない、想像以上の怪物だったというのが、アメリカのホンネかもしれません。

でも、中世から資本主義社会への移行期においても、絶対君主制という専制政治が行われるなど、不安定な時期がありました。今を「資本主義1・0」から「資本主義2・0」への移行期ととらえれば、歴史は繰り返しているのだともいえます。

マルクスが「資本主義の時代」の始まりを十六世紀に位置させているように、資本主義はすでに四～五世紀の歴史を持っている。「資本主義1・0」は近代資本主義として、四百年以上も経済を支配してきました。それに対して「資本主義2・0」は、生まれてから十年程度しか経っていません。

コロンブスのアメリカ大陸到達（一四九二年）からウェストファリア条約（一六四八年）

までが体制の移行期だとすれば、約百五十年続いたことになります。ただ現在は「ドッグイヤー」といわれています。もし、前回の移行期の七倍の速度で進んでいるとしたら、一九九五年から十年強の経過により、二十余年の移行期のすでに半分が過ぎたことになります。

このように考えれば、金融資産残高の増大が前半戦で、資源・食糧の「価格革命」が後半戦だといっても、おかしくないと思います。

サブプライムローンが、アメリカの議会で「略奪的融資」と非難されているのは、「資本主義2・0」が未成熟な段階にある表れだと思います。中世・封建制社会から近代・資本主義へと時代が変わるときにも、スペインのコンキスタドール（征服者）がそうであったように、非合法すれすれの行為が行われていますから。

では、未熟な「資本主義2・0」はどのような性質を持っているのか。

経済的にも「資本主義1・0」の時代は、他者に利益を還元する社会の仕組みができあがっていました。日本ならば、まず、もっとも生産性が高い電機連合が相場をつくり、鉄道などほかの産業が横並びになり、賃金はなるべく高いところで採用され、家計の豊かさに通じる。ところが、二〇〇二年にベースアップゼロで決着し、事実上、春闘をやめてしまっています。

二〇〇二年のベースアップゼロは、企業が「利益を社会に還元しない」という宣言だったと思うのです。その頃に登場したのが、非常に頭がいいのにどこか未熟なところを持つ、ライブドアの堀江《ほりえ》貴文《たかふみ》であり、村上ファンドの村上世彰《むらかみよしあき》だったのでしょう。

未熟な彼らにしてみれば、「世の中がそうだから、オレが儲けたものは全部オレのもの！」と思っても、不思議ではなかったわけです。

堀江や村上のやり方は、他人には還流させずに自分たちに集中させるだけというものです。自分たちだけで完結して、しかも、人を出し抜くようなやり方で儲けようとするのは、「資本主義2・0」の倫理が確立していないからです。ふたりは「資本主義2・0」への移行期において咲いた、アダ花だったのかもしれません。もっとも本人たちに、経済のバージョンが変わったという認識があったかどうか、わかりませんが。

そんな金儲けは悪いに決まっている——島田

バブルをつくって資金力を持ったところが儲けて、うまい時期に手を引いて利益を確保するというやり方ですよね。今、水野さんのお話にあったように、結局それは「出し抜く」ことで儲けているわけです。堀江や村上にとっては「儲けてどこが悪いんだ？」でしょうが、そんなこと、悪いに決まってますよ。

記者会見で村上が「金儲けして、何が悪いのですか？」と問いかけたとき、記者会見場では誰も反論しませんでしたし、その後も明確に村上のいうことを、批判した人はいなかったように思います。「莫大な資金がある特定の人しかできないやり方でやって、ほかの人に損をさせるシステムだから、そんな金儲けのやり方は間違っている」と、はっきりさせるべきだったと思います。

最初は「モノいう株主」など、格好のいいことをいっていましたが、彼らは会社の経営自体に対して、何の興味も持っていなかった。彼らがモノをいったのは、あくまで自分たちの金儲けのためであって、大量の株を取得し大株主になることでその会社に圧力をかけ、それで株価をつり上げて、出し抜こうとしたのです。

それは、一面では新しい投資の仕方、企業とのかかわり方にもなるわけですが、じつは、総会屋のやっていたことの延長線上にあるような試みだったのではないでしょうか。だからこそ、最後は罪を問われなければならなかったのです。

堀江は中退ですが、彼らが東京大学の出身者だったことが、大きかったと思います。

東大という大学は、最初の帝国大学で、それが設置された目的は、近代国家を建設するために必要となる人材、つまりは官僚を育成することにありました。少なくとも、一般企業のサラリーマンを養成するためのものではなかった。たとえ、官僚にならなくても、国家のために働くということを考え、大所高所《たいしょこうしょ》からモノを考える人材を育てることが中心でした。医学部に入っても、医学部が存在する目的が国家の仕事にかかわる医師の養成だから、学ぶのは最先端の医療技術で、開業医向けの医学は学ばないのです。いってみれば、金儲けができない医者を養成することが本筋ですし、そもそも開業医を目指す学生が、東大の医学部に入ろうとは思わないでしょう。それが東大の存在する意義なのです。

ところが時代が様変わりし、たとえ東大の法学部を出ても、官僚にはならない人間が増えてきました。そのかわりに、最近は外資系の企業への就職が目立ちます。

東大出身者には「自分たちは頭がいいから、頭を使えば勝てる」という意識が根強くあります。地道な経済活動でお金を貯めていくという方向ではなく、たとえグレーゾーンに類《るい》するような手段であっても、効率的に金儲けができる手段に飛びついてしまう。堀江も村上も、「愚民」に対してそれをやり、一時は本当に勝ってしまったのです。

「世界中央銀行」構想は幻か――水野

彼らがやったことに、違法性があるかどうかの議論は必要でしょうし、非常に難しい問題かと思います。ただ、グレーゾーンといわれる領域で、金儲けをしたことには間違いありません。

良し悪しの判断を抜きにして、すでに時代は「資本主義2・0」にさしかかっています。始まったばかりの「資本主義2・0」を、人々に幸せをもたらすシステムとして育てていかねばなりません。今のままでは人のためではなく、マネーのためだけの経済になりかねません。暴れ回るマネー経済をどうコントロールするか、これが大切です。

「ヘッジ・ファンドなどを規制すればいい」と主張する人もいます。ただヘッジ・ファンドを規制しても、膨大な余剰マネーが存在するのですから、新たな運用主体が出てきて、実物経済を振り回してしまうでしょう。

それならば、余剰マネーをいかにコントロールするかという問題になるのでしょうが、マネーは国境を自由に越えるようになったのだから、コントロールの仕方も、グローバルにする必要があるでしょう。すると「世界中央銀行」が考えられます。あるいは、IMF（国際通貨基金）などが各国の中央銀行の権限を取り上げ、中央集権化する。ただし、利害が一致しないだろうから、国連のような議論のための場にしかならない可能性もあります。

アメリカも日本に追随《ついずい》するようなかたちで、低金利になっています。先進国が軒並みに低金利化すると必然的にカネ余りが膨張します。それを防ぐ仕組みは、まるでめどが立っておらず、ますます、投資で利益を得ようとする動きだけが起きます。

バブルは繰り返し発生し、その後、崩壊します。そしてもっとも打撃をこうむるのは、資産のとぼしい人々です。バブル生成の過程で借り入れを増やしているからです。

十七世紀がそうであったように、体制の移行期だから今回も仕方がないと片付けてしまえば、すなわち「努力しても報われないことがある」と割り切ってしまうのは、歴史の教訓を何も学んでいないことになります。

ところで、経済学者のカール・ポランニーが著書『人間の経済』のなかで、経済を人間生活にふさわしい本来の姿へと回復させるために必要なものとして「市場経済」「相互扶助」「贈与」の三つをあげています。市場経済化が評価されたのは現代ですが、そこに宗教が入って、相互扶助や贈与で、余ったお金を分けられないのでしょうか。

「喜捨《きしゃ》」の精神を復活させよ――島田

そういった考え方は宗教にあります。たとえばイスラム教には「五行」という、ムスリムがとるべき行為が定められています。

五行とは「信仰告白」「礼拝」「喜捨」「断食《だんじき》」「巡礼」の五つです。今までも一日五回と定められた礼拝は注目されてきましたが、じつは、五行のなかで喜捨、つまり、みずから進んで金銭や物品を困っている人に差し出す行為は、大きなウエイトを占めています。

喜捨という言葉は、もともと仏教の言葉ですから、仏教のなかでも、とても大きな意味を持っています。タイやスリランカなど部派仏教（小乗仏教《しょうじょうぶっきょう》）が広まった地域では、在家信者は僧侶に日常的に食べ物などを喜捨し、僧侶はそれで生活しています。そもそも僧侶は出家しており、仕事をして金銭を得ているわけではありませんから、喜捨がなければ生きていけません。

キリスト教になると、慈善《じぜん》、チャリティーということが重視されます。アメリカでは、大金持ちになった人間は、必ず熱心にチャリティーを行うようになります。ビル・ゲイツも二兆円のチャリティーをしています。

お金が儲かるということは、その人だけの力でできるわけではありませんし、儲かる人間がいれば、その反対に損をする人間も出てきます。そのとき、儲けた人間がお金を独占してしまっては、社会に還元されません。また、損をした人間、儲かっていない人間から恨みをかうことにもなります。

そのために、喜捨やチャリティーを行うことで、富を還元する。人類の社会は、ずっとそうしたことで、やってきました。

宗教的な建築物や芸術の制作も、喜捨やチャリティーと結びついていきます。そうしたものがつくられれば、ほかの人間の宗教生活を豊かなものにしていきますし、建設や制作に費用がかけられることで、それ自体が社会事業として富の還元に役立ちます。その意味で、宗教は社会福祉の性格を持ってきました。さらに、余ったお金を社会に還元することで、カネ余りを防いできたのです。

ところが、近代に入ってくると、こうした構造が大きく変わってきます。国民国家が誕生すると、社会福祉の役割は国家、政府が担うようになり、喜捨やチャリティーの役割が小さなものになっていきました。国民全体から、税金や社会保険、年金というかたちでお金を集め、それを社会に還元していく。そうした仕組みがつくられていきました。

おそらく技術革新などが起こり、経済の拡大が大規模に続き、しかも人口が増加している時代には、このシステムは効率的に機能し、富の再分配の役割を果たしていたのでしょう。日本でも、高度経済成長の時代が続いているあいだは、何も問題が起こりませんでしたから。

ところが、経済の大規模な拡大にブレーキがかかり、しかも人口が増加しなくなれば、たんにこのシステムは機能しなくなります。考えてみると、現代の社会保障のシステムは、富の無限な拡大を前提にしていますから、本来的にマルチ商法的なシステムであったといえるかもしれません。

いつまでも経済が拡大し続けていくわけではないし、人口がそれほど増えなくなる、あるいは減少に転じたらどうするのか、少なくともそうしたことは予想されていないし、予想しようともしなかった。最初はうまくいっていたので、国民全体が将来を予測し、自分たちの打ち立てたシステムが、いかに根拠の危ういものかということを考えようともしなかった。

その意味で、社会保障制度が破綻《はたん》し、国が膨大な財政赤字を抱えるようになるのは、必然的なことだったといえます。社会保障制度を拡充するということは、大きな政府をつくることで、今はその大きな政府を運営することが経済的に難しくなっている。その点では、いくら社会保障制度を改革しようとしても、おおもとの前提に問題があるわけですから、立て直しのしようがないのです。

それだったら、富の社会的な還元として、宗教が行ってきた喜捨やチャリティーに立ち返るしかない。富める者が、その社会的な義務として、喜捨をするなり、チャリティーをするなりして、貧しい人たちに儲かったお金を直接的に還元する。そういう方向に世界を持っていくしかないのかもしれません。

そのためには、余ったお金を新たな投資にふり向けるような行為を抑え、社会的還元の方向に向かわせるしかありません。それを実現するのは難しいことでしょうが、それぞれの宗教が、喜捨やチャリティーの教えを積極的に説くことで、方向性をつくっていくしかないでしょう。
それができれば、カネ余りによるバブルと破綻の繰り返しという、現代の社会、「資本主義2・0」の世界を混迷させている事態を、少しでも改善していく手立てが見えてくるのではないでしょうか。

「神まかせ」だったマルクス経済学——島田

今、社会保障制度が、マルチ商法的な前提のうえに成り立っているということを指摘しましたが、経済学の理論もまた、根拠の薄弱な前提のうえに成り立ってきたように思います。極端にいえば、経済学の理論は、じつはキリスト教神学の焼き直しなのではないか、宗教学の立場からは、そのように見えてきます。

たとえばアダム・スミスの著書『国富論《こくふろん》』ですが、そこには、「神の見えざる手」という概念が出てきます。これは、人々が経済活動をすることで需要と供給が自然に調整され、結果的に公共の利益を有効に増進させる、という考え方です。

それは、現在のいわゆる「市場原理主義」の考え方にも結びついています。市場原理主義の立場をとる人たちは、「市場にまかせておけ」という考え方のもと、市場の動きを規制するものをすべて撤廃しようとします。そこには、宗教的な予定調和の考え方が働いていて、神の手にすべてをゆだねておけば、うまくいくのだという信仰が背景にあります。市場まかせの裏には、神まかせの信仰があるわけです。

反ケインズ経済学を見ても同じです。人間とは合理的な経済活動をする生き物であり、そういう人たちが将来を見通して行動するのだから「絶対にだいじょうぶなのだ」という、根拠のない前提のうえに、経済学を打ち立てています。これはわれわれ宗教学者の考えからすると、完全に宗教ですよ。

いっぽう、マルクス経済学を考えると、まず、資本主義社会は必ず行きづまり、崩壊に到るという考え方が前提になっていて、これはユダヤ・キリスト教の終末論と構造的に同じです。人間の欲望をひたすら満たそうとするような社会は、腐敗堕落《ふはいだらく》し、神によって罰せられるのと同じように、欲望の充足を徹底して肯定する資本主義社会は、遠からず崩壊するというわけです。

そして、マルクスは資本主義が崩壊したあとに、共産主義の社会が実現されると考えます。そのときに、どうやって共産主義社会ができるかというプロセスは明らかにされず、資本主義が潰れたときに、自然発生的に共産主義社会が生まれてくるかのように説きました。

それは、神による審判が下ったあとに人間は救済されるとする、ユダヤ・キリスト教的な思想・終末論に、通ずるものがあります。

マルクスは資本という考え方を重視しました。経済学者の宇沢弘文《うざわひろふみ》氏は、『経済学の考え方』（岩波新書・一九八九年）のなかで、このマルクスの資本という考え方は「一種神秘的な概念である」と述べていますが、たしかに不思議な考え方です。

資本はみずから意志を持ち、ひたすら蓄積することを目的としている。その手段として用いられるのが、労働力の搾取《さくしゅ》であり、労働者が賃金として獲得する以外の剰余価値を取り込んでいく。資本家という存在は、この資本の人格的な表現ですが、結局は資本によって動かされ、主体性を持たない。

この神秘的な資本という概念を見ていくと、それは、神ではないかと思えてきます。ユダヤ・キリスト教の神が、人間に対して「産めよ、増えよ」と説き、ひたすら拡大を目指したのと同じです。

さらにアダムとイブが楽園を追放されるときに労働を課されます。マルクスがいう労働力の搾取の問題も、この労働に対する否定的イメージと重なります。

「宗教は民衆の阿片《あへん》だ」として宗教を否定したはずのマルクス主義は、実際にはユダヤ・キリスト教の枠のなかで世界観を築き上げていた。それほど、宗教の経済に対する、あるいは経済学に対する影響には大きなものがあります。

そもそもキリスト教では、セックスや酒など山ほど禁止事項があるのに、金儲けは禁止されていません。モーゼの「十戒《じっかい》」では、「殺人」や「盗み」「偽証」などはいましめられていますが、金儲けをしてはいけないなどとはされていません。

ましてや、イスラム教は開祖のムハンマドが商人で、商人が広めてグローバル化したものです。仏教の「五戒《ごかい》」も、「不殺生戒《ふせつしょうかい》(殺すな)」「不偸盗戒《ふちゅうとうかい》(盗むな)」「不飲酒戒《ふおんじゅかい》(酒を飲むな)」などといった内容ですが、金儲けはいけないとはなってないのです。

宗教においては、殺人やセックス、そして盗みなどにたいしては規制がかけられていても、金儲けについてはそれがない。盗みをいましめるということは、私有財産を守ることに通じるので、どの宗教も資本主義に適合的な部分を持っていることになります。

利子に関しては、イスラム教で明確に否定されているほか、じつはキリスト教でも同じ考え方があります。利子は不労所得として、不正なものと考えられてきました。しかし、キリスト教圏では、高利を否定する考え方はあっても、利子は是認《ぜにん》される方向になってきました。この点を除けば、宗教は金儲けを否定していません。そのかわりに、喜捨を説いて、富を社会に還元させる。宗教はそうして生き延びてきたともいえます。

経済と宗教の切れてしまったリンク――水野

マルクス経済学とキリスト教学の関係などのお話を聞いていると、ケインズ経済学が宗教色では、もっとも薄いといえますね。ケインズ経済学を展開したジョン・メイナード・ケインズは、もともとはマーシャルに集大成された新古典学派の学者です。新古典学派は企業、家計が合理的主体となるとの前提で、市場が決める価格（賃金も含めて）が、需給を均衡させると考えていました。

ところが、大恐慌で失業者が街に溢《あふ》れる様子を目の当たりにしたケインズは、新古典学派の理論では通用しないと考えます。そして市場まかせではない、政府による経済政策の必要性を提唱しました。それを考えると、本当はケインズの理論が、いちばんの近代経済学であって、ほかはむしろ近代ではなくて古典なのです。

ケインズは大恐慌からの脱却のための処方箋《せん》を示しましたが、ケインズ経済学はインフレを起こしやすいという副作用があります。とはいってもケインズに対する批判があるというのは、それだけ欧米の社会のなかにキリスト教をもとにした「神の見えざる手」的な考え方が強いからかもしれません。

ミルトン・フリードマンを始めとしてマネタリストの人々は、「マネーサプライ（通貨供給量）を増やせばインフレになる！」と唱《とな》えています。また、「資本を増やすことはいいことだ！」とも。しかし、資本を増やすことと、働く人の生活水準の向上が、一対一で結びつかなくなってきました。「資本主義1・0」から「資本主義2・0」へとシステムが移行するときには、「資本主義1・0」を前提に組み立てられた理論は、現実に起きている現象を前に無力化するのです。

利潤の極大化が資本主義だとしても、資本を蓄積した結果が利子率革命を招き、今のように低金利になっています。これ以上、資本を増殖しても金利が下がるばかりです……。たしかに、一種の宗教ですね。

また旧約聖書のアダムとイブと労働に対する否定的なイメージの関連性も、いわれてみるとなるほど納得できます。労働時間以外が余暇になっていて、労働をいかに少なくするか、いかに余暇を増やすかというのが、経済活動のなかで優先されています。

そういった、余暇優先の考えですべての労働者をひとくくりにしてしまうのには、疑問を感じますね。世の中には労働が趣味になっている人もいるわけですし、とくに日本にはそういう人がたくさんいます。

ところで「神の見えざる手」についてですが、二十年とか、三十年のスパンで見れば、ある程度は理解できます。

まず、最初の十年でＩＴ革命やネットバブル、そして金融技術革新（証券化商品バブル）によって、過去にないほどの貨幣量を手にします。そして次の十年、二十年で資源・食糧の「価格革命」が起きて、それを元手にしないと、リスクの高い「エネルギー革命」が成就《じょうじゅ》しない。

こういった流れでとらえると、「神の見えざる手」が働いているのだと理解できます。しかし、その時代に遭遇した大多数の働く人が、将来の豊かな生活の代償として不幸になるというのは、なんだか納得できない気がします。

十六世紀の「価格革命」では、当時の先進国であったイタリアでも、後進国であったイギリスでも、働く人の実質賃金はおよそ一世紀で半減しました。そして二十世紀末から現在にかけては、当時よりももっと速いスピードで、実質賃金が、日本において低下しています。

日本の中小企業・非製造業の一人当たりの給与額は、一九九五年の三百六十五万円をピークに、二〇〇七年十〜十二月期には三百十七万円まで下落しています。年率にして一・二％減少です。このペースでいけば、名目所得が半減するのに五十八年ですから、十六世紀よりも速いペースで賃金は下落しているのです。これから、生活必需品はさらに値上がりするでしょうから、実質賃金の下落はさらに速まります。

また、島田さんの指摘はとても重要だと思います。それは、宗教と経済が密接な関係を持っていたにもかかわらず、社会の世俗化で「喜捨」の精神は消えつつあるのに、「神様がうまくやってくれる」というイデオロギーだけは残ってしまったことです。

つまり「神の見えざる手」で経済と宗教はリンクしているが、「人に還元する」のリンクが切れてしまっている、そこが問題ですね。

宗教と経済の新たな融合へ――島田

「資本主義1・0」の世界では、社会的な権力としての宗教そのものについては、弱体化させてきました。いっぽうでは、「神の見えざる手」といった宗教の説く予定調和の世界を前提にしながら経済学を組み立て、経済政策を実施することで、未曾有《みぞう》の経済発展を実現してきました。

それはまさに、社会学者のマックス・ウェーバーが、『プロテスタンティズムの倫理と資本主義の精神』のなかで展開した議論です。プロテスタンティズムの説く「世俗内禁欲」の教えにしたがって、資本家が儲けたお金を浪費してしまう、つまりは宗教的建築物や宗教美術に費やしてしまうのではなく、新たに投資にふり向けることで、資本主義が生み出されたと分析した通りです。

金を儲けるという点では、それがあまりにもうまくいき、膨大なカネ余りという状況さえ生まれています。それを、キリスト教神学に近い前提のうえに成り立った経済学が肯定し、市場にまかせておけば、すべてはうまくいくと説かれてきました。

この状況を見て私が必要だなと思うのは、「神の見えざる手」的な考え方をもう一度徹底的に洗い直すことだと思います。資本の増殖を善として認めることに対して、それで良いのかと問う。本当にその前提が成り立つのか？　そうした考え方を、もう一度とらえ直してみる必要があるのではないでしょうか。

その際に、神に最終的な根拠を置かないような宗教のあり方が経済をどうとらえていくかを考えることも、ひとつの選択肢だと思います。

仏教の考え方の基盤には、因果《いんが》のとらえ方があります。「因があれば果がある」が仏教のもっともベーシックな考え方で、神に絶対的な根拠を置くような宗教とはまったく異なる考え方なのです。

今の経済は、むしろこの仏教が説く因果の法則で動いているのであって、市場をうまくまとめてくれる神など存在しないのではないでしょうか。

今の経済活動の根底にあるのは、果てしのない欲望です。仏教では、この欲望を「煩悩《ぼんのう》」

としてとらえ、人間が煩悩にとらわれているからこそ、苦しまなければならないのだと考えます。そして、煩悩の存在に気づくことで、苦から脱していくことができると説きました。

そして、仏教の世界では、この煩悩から脱し、苦から解放されていくためには、修行が必要であるという考え方が生まれます。仏教の開祖である釈迦《しゃか》自身は、むしろ修行を否定し、正しく認識することで、苦から解放されるという立場をとりましたが、後の時代になると、苦行を肯定し、それを実践する人たちが生まれていきます。

ただ、苦行は、誰にでもできるわけではありません。少なくとも世俗の生活にまみれていては、実現できません。出家し、在家信者の喜捨に頼りながら生活するなかで、修行を続けなければならないわけで、それは少数の人間にしか実現できないものでした。

いっぽうで、出家せず、在家にとどまった人間は、自分の力で生活を成り立たせていかなければなりませんし、そうした生活を送っていれば、豊かな生活を送りたいという欲望、煩悩が生まれてきます。日本では、煩悩を肯定するような教えも生まれ、その、もっとも極端なかたちが、「煩悩即菩提《ぼんのうそくぼだい》」です。これは、煩悩にまみれた生活を送っているなかにこそ悟りがあるという考え方で、そういったものさえ生まれました。

この思想は、「本覚思想《ほんがくしそう》」とも呼ばれますが、現実の世界に生きることを肯定する点で、日本仏教を、庶民にまで定着させるうえで大きな役割を果たしました。

しかし、それが行きすぎれば、拝金主義に結びついていく危険性があります。煩悩が全面的に肯定されてしまえば、歯止めがなくなってしまいます。まさに、「資本主義2・0」に突入した今の状態は、歯止めを失い、それで混乱をきたしているわけです。だからこそ、今一度、喜捨、チャリティーという行為の意義を見直す必要があるのではないでしょうか。

現在、各宗教団体では、世界平和の実現を訴える平和運動を熱心に展開しています。宗教の力が衰えていることによって、どこに自分たちの存在の意味を見出すか。各宗教団体では、それに苦慮し、そこで平和運動に行きついたのです。

ところが、世界平和だといっても、具体的な方法論がありませんから、平和の尊さをアピールするだけに終わってしまっています。それはそれで重要なことですが、平和をおびやかす戦争も、その背後には経済的な利害の問題がからんでいます。そこを解決しなければ、本当の平和は訪れない。

ならば、宗教としては、欲望の無限な増殖を目指す現在の資本主義のあり方、金儲けの精神に対して、歯止めになるような方向で動くべきではないか。

ひたすら金儲けを目指すことは、たんに煩悩を増やすことになるのではないか。もしお金が儲かったなら、喜捨を通して社会的な還元を考えるべきではないか。そうした宗教の、とくに日本では仏教の基本的な考え方に立ち返ることで、社会の問題に対してほかの分野からは出てこない、提言なり、考え方の転換なりを実現していく方向に動いていけるのではないのでしょうか。

あるいは仏教自体も、バージョンをアップし、「仏教2・0」なり、「宗教2・0」を実現していくことを、考えないといけないのかもしれません。

いまだ「1・0」のプロ野球——島田

あらゆる分野で、考え方の革新ということが要請されているのだと思いますが、身近な例としてプロ野球のことを考えてみたいと思います。

国民がプロ野球にもっとも熱狂していたのは、高度経済成長の時代でした。長嶋茂雄《ながしましげお》や王《おう》貞治《さだはる》など、たくさんのスターがいて、それこそ、野球は国民的なスポーツになりました。

ではなぜプロ野球は、高度経済成長の時代に国民的スポーツになったのでしょうか。じつは、この点はあまり分析されていませんし、国民全体が意識していないように思います。

私はプロ野球人気の高まりと、創価学会の拡大とは同じ原理に基づいていたのではないかと考えています。なぜかといえば、どちらも、都会に出てきた人にとって、一種のイニシエーションのシステムになっていたからです。

東京に出てきて巨人ファンになれば東京人になれたし、大阪に出てきて阪神ファンになれば、共通の話題ができて大阪人になれる。これほど都会人としてのアイデンティティーを確立する手段として手軽なものはありませんでした。

つまり、都会に出てきて、大企業にも雇用されず、組合にも相手にされなかった人々が、創価学会に入って人間関係のネットワークをつくったように、プロ野球は、ファンというより広いネットワークを提供することで、都会に出てきたばかりの人々を吸収し、熱狂を生み出していったのです。

プロ野球人気の頂点に読売ジャイアンツ、巨人軍が君臨したわけですが、巨人は、日本シリーズでなんと九連覇を果たします。今では考えられないことですが、それも巨人が拡大する東京の象徴であり、さらには発展する日本経済の象徴だったからではないでしょうか。

実際、巨人の九連覇は、一九六五年から一九七三年までのことで、東京オリンピックの翌年から、大阪万国博をはさんで、オイルショックの年まで続きました。

オイルショックの翌年に連覇が途切れたというのは、これほど象徴的なことはありません。以降、巨人の力は衰え、人気もかつてほどのものではなくなっていきますが、高度経済成長という背景がなくなり、それに押されて、人気を博《はく》した巨人も圧倒的な力を発揮することはできなくなってきたのでしょう。

野球そのものの人気が衰えているとはいえませんし、人気が巨人への一極集中から分散したともいえます。阪神タイガースを筆頭に、北海道日本ハムファイターズや福岡ソフトバンクホークスのように、地元では圧倒的な人気を誇っている球団もあります。でも、地域に根差しているぶん、プロ野球選手が国民的なアイドルになる時代ではなくなっています。

それを象徴する出来事が、まさに本書で問題にしている一九九五年に起こりました。野茂《のも》英雄《ひでお》投手がアメリカにわたり、メジャーリーグで大活躍をします。

それまでも、一九六四年の村上雅則《むらかみまさのり》投手のような例はありましたが、日本人選手のメジャーリーグへの移籍の先鞭《せんべん》をつけたのが野茂でした。それ以降、日本人の有力選手が次々とメジャーリーグに行くという事態が生まれ、まさにグローバル化が進行していきます。

日本中に現れている「2・0」への変化――水野

プロ野球においては、近年になって急激に巨人に対する関心が失《う》せたわけですね。最近ではかなり減ってきましたが、少し前までは、巨人戦はほとんど、テレビで中継していました。

しかし、今の世の中で夜の七時から始まるプロ野球を見られる環境を、どれぐらいの人が持っているのでしょう。まず、忙しい人は夜の七時には帰ってきていないし、たとえば東京には、そんな生活ができるサラリーマンなどいないでしょう。前時代的ですね。これだけ人人の好みが多様化しているのに、毎試合ダラダラと放映してもしかたありません。

対照的に、サッカーは重要な試合だけを全国ネットで中継します。私が聞いたところによると、Jリーグの場合は、Jリーグがまとめて管理しているそうです。これがメジャーリーグならば、メジャーリーグベースボール機構が管理しています。でも日本のプロ野球では各球団が管理していて、しかも、一年ぐらい前から、放送の枠などが決まっているというのです。

だから中日のリーグ優勝がかかった試合があっても放送できずに、消化試合をしている巨人の試合が放送されるのだそうです。日本野球機構が一括管理して、おいしい試合のみの中継の枠を決め、テレビ局に取り合いをやらせればいいと思うのですが……。試合時間が長いなどといろいろいわれていますが、試合の内容の問題のみではなく、仕組みの問題かもしれません。

こうやって考えると、経済だけではないのですね。いろいろなところに、「1・0」から「2・0」への変化が現れていますね。統一的に説明できます。経済だって社会現象のなかのひとつで、プロ野球も政治も相変わらず「1・0」でやっているのですから。

「2・0」の社会が求める政党とは――島田

政治の世界もバージョン・アップを求められていると思いますが、とてもそうなってはいません。一九九〇年代以降、衆議院では小選挙区制が実施され、それによって二大政党制が確立されたかたちにはなっています。しかし、自由民主党と民主党のどこが違うのか、その点が不明確です。

ほかの国の二大政党制は階層で分かれています。イギリスはその典型で、社会の上の階層の人たちが支持する保守党と、下の階層の人たちが支持する労働党が二大政党をなしています。そして政権が交代することによって、それぞれの階層にバランスを保ったかたちで恩恵が行き渡るようになっています。フランスも、同じようなところがあります。

アメリカでは、階層という点ではヨーロッパほど明確ではありませんが、民主党と共和党ははっきり地域で分かれていて、共和党は中西部の農業地域、東海岸と西海岸の都市部は民主党と色分けができます。宗教的な考え方も共和党は保守的、民主党はリベラルと分かれています。

ところが、イギリスやアメリカにある軸が日本のなかにあるかというと、基本的にはありません。戦前には日本にも階層が明確にありましたが、戦後にそれが崩れ、しかも「一億総中流」といわれた時代があったほど、国民全体の中産階級化が進みました。

一時は、自民党は農村、民主党は都市といったかたちで地盤を分け合っていましたが、それも選挙を重ねるにつれて崩れ、選挙ごとにどちらの地域で強いかが変化してきています。

むしろ政党間の違いが明確だったのは、一九八〇年代までで、自民党と社会党が対峙《たいじ》し、保守か、革新かという明確な対立軸が存在しました。その背景には、冷戦構造があります。アメリカの世界戦略を日本が認め、そのうえに日本の外交を進めるか、それともソ連を中心とした社会主義圏にも希望を見出すかで分かれていました。

国内的にも、自民党はひたすら経済発展を目指しながら、いっぽうで、社会党を始めとする野党の要求を受け入れながら、福祉国家をつくり上げていく。それで、大きな政府ができ、実質的な国家の運営は官僚が担うという構造ができあがっていました。

ところが、冷戦構造が崩れ、バブルの崩壊によって経済の大規模な拡大に終止符が打たれると、従来の枠組みが通用しなくなり、連立政権の時代が到来します。そのなかで、社会党は完全に力を失い、代わりに政策的には自民党とそれほど変わらない民主党が台頭してくるのです。

それでかたちは二大政党になっても、それを支える社会的な基盤が明確ではありません。

無党派、支持政党なしの部分が選挙では大きな力を発揮し、絶えず結果が揺れるようになってしまった。しかも、衆議院と参議院のねじれ現象が起こり、それが常態化する気配を見せています。

「資本主義2・0」の世界では、二極化が進んでいるわけですが、だからといって、社会の二極化に応じるようなかたちで、政界の再編が行われるわけではない。そこに大連立ということの必然性もあるわけですが、そうなると政治からダイナミズムが失われる危険性があります。政治は完全に行きづまっているように見えます。

リスタートを切る世界経済——水野

「2・0」の時代が浸透したら、日本にも本格的な二大政党の時代が訪れるのかもしれませんね。

ただし「資本主義1・0」を懐《なつ》かしんでそれに回帰しようとする政党と、「資本主義2・0」を支持する政党……ということになれば、どうなるのか。おそらく前者を支持する人のほうが多くて、ますます日本は世界の潮流から取り残されるのではと危惧《きぐ》します。「資本主義2・0」に果敢《かかん》に立ち向かって、そのうえで生ずるさまざまな問題を解決していくという姿勢が、大事なのではないでしょうか。

今の日本が、本当はどうなっているのか、それを国民に語ることができ、そこで苦しんでいる人たちの声に耳を傾けることができる政党が現れたら、変わる可能性もあるでしょう。

ところで世界経済の見通しですが、決して明るくはありません。まず、このように魅力的な投資先がないというのは、「資本主義1・0」が限界にきているということなのです。投資先があれば実物投資をして儲けることができます。しかしそれがないので、ネットバブルやサブプライムローンと同じように、似たようなものが、似たようなパターンでバブル的に生じては、それが崩壊してということを、あちこちでやるわけです。

順繰りに回っていくと、いつかみなわかります。IT関連の株をやって、次は住宅でやって、さらに資源でやって。次に考えるのは「これからは中国の株だ、新興国の株だ!」となります。そして資本の自由化を見込んで、今度は「元《げん》を買いましょう」となります。

では、そこがはじけて、投資先がないとなるとどうなるのか——。

中世のピークでは、まずイタリアの金利が先行して下がり、次に新興国のオランダの金利も下がり、ヨーロッパ全体で金利が下がりました。そして、巨大な資本が必要となる産業革命が起きてようやく、金利の低下が止まります。それは、それまでの農業や商業を中心とした社会では、実物投資に比べて圧倒的に貨幣の量(=南米大陸から輸入した金)が多かった、つまりカネ余りだったからと考えられます。

そして現在であれば、中国などＢＲＩＣｓや、イラン、インドネシアなどのＮＥＸＴ11などで投資先がなくなったら、残されるのは債券利回りしかないのです。

世界中の債券利回りが日本のように二・〇％以下となったり、あるいはそこまでは低下しなくても、アメリカの長期金利も三・〇％を割れたりと、いっせいに先進国の金利が下がって、最後は債券バブルの崩壊でしょう。

ただ、どこの国にもチャンスがある、そういう時代の訪れでもあります。新しい仕組みで、先進国もＢＲＩＣｓもアジア諸国も「よーいドン！」でスタートするわけですから。

そのときの教訓としてあるのが、「国は財政赤字を抱えていてはいけない」です。

巨額の財政赤字を減らせないというのは、現在の歳入・歳出構造が「資本主義２・０」に対応していないからです。対応できていないゆえに財政が赤字なのであって、景気拡大で税収を増やして財政を均衡《きんこう》させようとする対応は、いまだに「資本主義１・０」が続いているという考えの上に立ったものでしかないのです。

だから、これまでにやったことがないような方法で早期に財政を均衡化して、教育やエネルギー開発に投資せねばなりません。経済が安定しているときは、財政が赤字でも時間が経てば取り返せますが、経済構造がドラスティックに変わるときには、国が借金を抱えていては、国として積極的に「資本主義2・0」にかかわっていけないのです。

スーザン・ストレンジが『国家の退場』で指摘した事態が生じています。すなわち「世界市場経済が国家の権威を追い越した今、市場経済の成長と変化に常につきものの不平等と不安定という欠陥是正のためのパワーも意志も、国民政府が失っている」のです。

今の日本やアメリカのように、真っ赤な国は新しいものを思いついても、それに投資する資金がないのが現状です。またEUも赤字だし、困ったことに先進国はみな赤字です。

今黒字なのは、オイルマネーで潤うイスラム圏でしょう。それを考えると、これから先の数世紀は、イスラム金融がカギを握るのかもしれません。産油国が代替《だいたい》エネルギーの開発を早めないように、かつ原油の値段を高く維持できる。それをコントロールする期間にかかっているといえます。

「資本主義1・0」の呪縛から逃れられるか——島田

イスラム金融の拡大は一過性の現象ではないでしょう。「資本主義2・0」の到来に対するひとつの対応であり、回答であるような気がします。

その利点は、投資ということに一定の歯止めを設けている点で、シャリーアに適格かどうかも投資の判断基準になっています。そこには、「神の見えざる手」を前提とし、すべてを市場にまかせてしまうのとは異なる方向性がある。この点は、非常に示唆《しさ》的なことなのかもしれません。

さらに、イスラム金融が喜捨を積極的に推し進め、富の社会的な還元を経済システムのなかに組み込んでいくとすれば、可能性はより大きなものになっていくことも考えられます。ただ、偶像崇拝を禁止するイスラム教では、宗教建築や宗教美術に投資することが少ない。そうしたものがカネ余りを解消する手段として機能する可能性があまりないことが、気がかりです。

また、ほかの国、イスラム教国ではない国々の経済政策とどのような関係を保っていくかも、まだ未知数です。イスラム金融では融通をきかせ、世界全体の経済システムに適合するようなかたちでの運営を目指しているようですが、世界全体がイスラム化されることにはなりません。そのため、ほかの宗教を背景とした経済システムとどう競合していくか、共存していくかが、つねに問われることになると思います。

そうしたなかで日本はどうしていくのか。まだまだ、「資本主義1・0」の思考法にとらわれていて、経済の発展が国民全体の福利に必ずしも結びつかない、むしろ経済格差を拡大させることになるという認識が、十分ではないように思えます。

そこには、高度経済成長の記憶がまだ根強く生きています。経済が発展しさえすれば豊かになれるのだという意識から脱却できない。時代は大きく変わり、事態が根本的に変化したのだということを認識しようとしていないように見えます。

「資本主義2・0」の世界は、現時点においては、バブルが繰り返されていく非常に不安定な世界です。しかも、その影響をこうむらないようにすることが難しくなっています。

さらに、日本は世界の先を進んでいます。回答を与えてくれるモデルがほかにありません。

そこで、次の終章では「日本の転倒性」と、これからの日本のあり方を、そして、見えてくる未来像をテーマにしたいと思います。

終　章　これからの五百年をリードする日本

猛スピードの近代化による副作用——水野

日本が世界の先を行く「日本の転倒性」は、サブプライムローン問題にも見ることができます。つまり、日本の土地バブル崩壊と同じことが、十七年後のアメリカで起きている。

アメリカの貸し手は、およそ無理がある返済プランであると知りながら、サブプライム（信用力の低い）層の低所得者たちにお金を貸し、そして住宅需要を人為的に膨らませました。日本の一九八〇年代の土地バブルも、似たような動きをしています。

あらゆる不動産を投機の対象にし、最後に行き着いたのは、所得のない大学生が住むワンルームマンションでした。高校受験を全国統一学区にして、地方から高校生を東京に集めないと、次の需要がないというくらいでしたから、バブルは利上げというきっかけさえあれば、はじける状態にあったのだと思います。

アメリカが日本を追いかけていることは、思想家の柄谷行人《からたにこうじん》さんが唱《とな》える「近代日本の転倒性」で説明することができます。

一八六八年の明治維新から、日本は急速に近代化します。ゆっくりとしたペースで近代化するイギリスとアメリカに比べ、それを追いかける日本、イタリア、そしてドイツは、フルスピードで走り始めました。

やがて、日本はイタリアとドイツを置き去りにし、イギリスとアメリカを追い抜きます。ところが、同じルールで近代化という同じレールの上を走ったのだから、それにともなう矛盾や問題は、どの国も共通に抱えています。そして無理をして猛スピードで走ったために、矛盾や問題点は日本に先に出てくる、これが「日本の転倒性」です。

一九八〇年代の前半までは欧米で起きていたことが、十年後の日本で起きています。わかりやすいのは、コンビニエンスストアや総合スーパーの普及ですね。欧米の消費スタイルが、十年後、日本にも登場したわけです。

ところが、日本の一人当たりのGDPが一九八七年にアメリカを追い抜いたあたりから、逆転の現象が現れるようになる。日本で起きたことが、その後、欧米で起きるようになるのです。それは土地バブルであり、オウム真理教によるサリン事件です。島田さんの指摘にあるように、サリン事件はビンラディンに影響を与え、アメリカの同時多発テロ「9・11」につながります。

またサブプライムローンの問題にしても、アメリカは利用者の救済策として、金利の五年間凍結を公表しています。これも、もともと借りた時点で所得の半分は元利返済にあてるという無理な返済計画でしたから、金利を凍結しているあいだに、所得が上がらなければなりません。しかし、政治・経済の仕組みが大きく変わるときの犠牲者は、十六世紀がそうであったように、いちばん所得の低い人たちですから、問題の先送りにすぎません。

日本のバブルが崩壊したときに、不良債権は早期に損切《そんぎ》りして処理すべしと、アメリカは強く主張していました。ところが今回、サブプライムローン問題で巨額の不良債権を目《ま》の当たりにすると、日本と同じようになってしまっているのです。

数字にも「日本の転倒性」は表れています。日本に一九八九年末の時点で水面下に隠れていた過剰債務は百八兆円。日本の場合は間接金融ですから、不良債権は銀行に集中します。銀行の赤字決算で五十兆円、そして公的資金四十六兆円を注入し、どうにか不良債権処理を終えました。

これに対してアメリカの過剰債務は、二〇〇七年末時点で三・八兆ドル（三百八十兆円）です。どちらも、対GDP比、対可処分所得比で四十％です。

アメリカの過剰債務の処理は、金融機関とヘッジ・ファンドが合わせて一兆ドルを引き受け、残りの二・八兆ドルを、家計が負担することになるでしょう。

現在ゼロの貯蓄率を、正常だった一九九七年時点の三％に戻すのを前提として、家計の返済能力を計算してみます。すると毎年、〇・三兆ドルぶんの消費を控えたとします。これは定義上、貯蓄に入りますが、このぶんを借金返済に回したとしても、約九年かかることになるのです。もう少し貯蓄率を高めたとしても五年はかかるといえます。
つまり、これから先、アメリカは「失われた十年」を迎える可能性が大なのです。

宗教禁圧が後押しする近代化——島田

今、お話にあった「日本の転倒性」ですが、急速に近代化した背景には、日本の世俗化がかなり早い段階でなされていたことが影響していると私は考えています。つまり、宗教の力が早い段階で弱められていたゆえに、急速な近代化が可能になったと。

それは、近世の始まりの時点にさかのぼります。織田信長《おだのぶなが》は比叡山《ひえいざん》を焼き討《う》ちにしています。比叡山は、最澄《さいちょう》が開いた天台宗《てんだいしゅう》の本山《ほんざん》にあたり、平安京の北東に位置し鬼門《きもん》にあたるので、王城鎮護《おうじょうちんご》の山として信仰されるようになります。そして、鎌倉時代に輩出した鎌倉新仏教の開祖たちは、みな、一度はこの比叡山で学んでいます。そうしたこともあって、比叡山は十一世紀後半には、相当な支配力を持っていました。しかも、僧兵がいて武装化していました。

ところが織田信長は天下統一のために、比叡山の力を削《そ》ごうとして、焼き討ちにし、おかげで比叡山では三千坊といわれる堂塔《どうとう》すべてを失い、僧侶たちも離山しました。

信長は、浄土真宗《じょうどしんしゅう》の信徒たちが起こした、一向一揆《いっこういっき》も押さえつけました。真宗は、真宗王国をつくり、武家と対抗関係にありました。さらに、京都の町衆《まちしゅう》のあいだに広まった法華《ほっけ》信仰の集団、法華一揆も比叡山によって抑えられています。

また、信長のあとを継いで天下統一を行った豊臣秀吉《とよとみひでよし》は、ポルトガルから伝えられたキリスト教、キリシタンを禁圧しました。そうした宗教の禁圧は、江戸時代に引き継がれ、日本の社会は近世に突入した段階で完全に世俗化します。

江戸時代には、宗教勢力は幕府によって管理されるようになり、寺請《てらうけ》制度のもとで、権力の一端を担うようになります。寺は役所の戸籍係のような役割を負い、国民全体を管理するようになる。幕府の命令に逆らえなくなり、世俗権力のもとに位置づけられます。あの時代にこれほどの世俗国家をつくったのは、おそらく日本だけでしょう。

そういった世俗化への転換があったからこそ、日本の社会は、宗教勢力による干渉を受けることなく、近代化に向けて舵《かじ》をとることができました。宗教は、戒律や教えによって、世俗の権力を縛ろうとしますが、それがなかったわけです。ゆえに明治維新以降、日本はほかの国では考えられないほどのスピードで、近代化を実現させたのだと思います。

日本では、先進国に追いつけということで、猛然と近代化が行われ、経済発展を遂げていきます。あるいは、日本が無謀な戦争に突入していったのも、近代化が急で、あまりに急速に力をつけ、植民地支配にまで乗り出していったことで、大きな矛盾を引き起こし、国際社会から警戒されてしまったからかもしれません。

そして、戦争に敗れたことで、日本社会は壊滅的な打撃をこうむります。首都東京も焼け野原になり、植民地もすべて失いました。それでも、むしろその敗北を糧《かて》にするようなかたちで、高度経済成長を成し遂げ、一時は、国民の総中流化を実現します。階層間の格差が縮小され、国民全体が豊かさを享受できるような社会は、どの国でも目標であり、夢であると思うのですが、日本はそれを実現してしまいました。

さらにバブル期になると、膨大な資金力によって、国内だけではなく、海外の不動産なども買いあさり、「ジャパン・アズ・ナンバーワン」という言葉が信憑性《しんぴょうせい》を持つまでに到りました。

日本は、戦争には敗れたけれど、その後の経済戦争では圧倒的な勝者になった。日本だけがそう思ったのではなく、世界がそれを認めた。敗戦からバブル経済の時代まで五十年もかかっていないのですから。

そして、バブルが崩壊し、それでもしばらくのあいだは持ちこたえていましたが、一九九七年頃になると、経済環境は一気に悪化し、「失われた十年」、あるいは「失われた十五年」の時代が訪れます。その後、景気が回復し、日本は一時の苦境を脱したように見えますが、その反面、豊かさのなかでの格差の拡大という、これもまたおそらくは他の国が経験していない事態を招き寄せることになりました。

従来の格差とは違う「格差2・0」——水野

宗教禁圧と社会の世俗化が、日本の急速な近代化を後押ししていたという視点は、非常に興味深いですね。しかも、それが織田信長の時代に種子が蒔《ま》かれているのですから。

ところで、最近は「格差」が大きな問題になっています。

私がセミナーで「格差」をテーマにすると、終わってから中小企業の経営者の方が手をあげて「日本は他国と比べて格差が小さいのだから、もっと格差を広げないといけないんだよ」とおっしゃったりします。そういった人は多いのですが、私はその考え方は、間違っていると思います。なぜならば、それは「日本は欧米のあとを追いかけている」という、発想から出たものでしかないからです。

アメリカは、たしかに日本以上に格差が広がっています。しかし「資本主義1・0」のピークには、日本が先行して到達したのです。アメリカではこうなっているから、日本もこれでいいのだという考え方は、前を走る車を見つけようとしているのに、バックミラーしか見ていないようなものです。

日本は発展を遂げながら、もっとも格差をなくしてきた国なのです。だから、ちょっと開いたとしても、自分が乗る列車から、遠ざかるように逆方向に向かう別の列車を見るように、すごい速度で開いているように感じる。

中国にも格差があるとはいうけれど、低所得の人でも「明日は良くなる」という可能性があります。上位の人も良くなっているが、自分たちも良くなるという思いに支えられている。しかし、日本の格差は「今日よりも、明日のほうが悪くなるかもしれない」というふうに、変わってきていると思うのです。

日本が「世界の先を行っている」という前提でいけば、今日、日本で生じている格差は、従来の格差とは違います。格差も、「格差1・0」から「格差2・0」に変わってしまったのかもしれません。

昔の格差ならば、下の人がそれをバネにして立身出世することも可能でした。ところが今の状況では、ある地域に住む人、あるいは、特定の産業に依存している人たちは、そこから抜け出せない可能性が大きいのです。たとえば、地方にいたらずっと上向きにならないといったように。それなら、都会に出てくればいいとなりますが、一億二千七百万人のすべてが、そうすることはできません。

先ほどの例のように、格差肯定派の人は、しばしばアメリカの格差を持ち出し比較します。しかしアメリカでも、タテマエ上は、「明日はビル・ゲイツ」という精神が生きていますす。それを否定すると「おまえは努力していないんだ」と返され、頑張ろうという気持ちになるのです。たしかにその精神はアメリカでは生きているのでしょうが、現実には移民の人々が最初にたどり着いた都市から抜け出せないで、労働の流動化が低下しているといわれています。

近代化には欧米というモデルはありました。しかし、今はモデルがなくて、自分たちがモデルになる以外にないのです。その認識が欠落している。だから、「日本の格差はアメリカの格差に比べたら」という比較になってしまいますし、何かを改革しようとすると、まず「アメリカではこうなっている」というところから始まります。それで問題解決が前に進まないのです。

政治にしても「努力した者は報われる」というのが、小泉構造改革路線の基本スタンスでした。しかし、それが成立するのは、あくまでも全員が同じレールの上に乗っているという暗黙の前提がある「資本主義1・0」の世界の話だと思います。

誤った認識こそが最大の問題であり、それが閉塞感《へいそく》となり社会矛盾を生んでいくわけです。「日本が世界の先を行く」ことに気づかないといけないでしょう。

また、「資本主義2・0」で生《しょう》ずる新しい格差は、日本を「見えない壁（国境）」でふたつの国に分断してしまう可能性があります。それでもいいのだという、国民のコンセンサスが得られればまだしも、国としての一体感をなくしてもかまわないということではないでしょうから、今こそ政治の出番だといえます。

「少子化」は本当に問題なのか――島田

格差と同様に問題視されているのが「少子化」です。少子化対策の必要性が叫ばれ、政府も担当大臣をおいて、少子化対策を政治課題にしています。

しかし、現実的に考えたとき、政策や対策によって、ある程度少子化に歯止めをかけることはできるかもしれませんが、劇的な改善は望めないでしょう。

そもそも以前には人口の抑制ということが大きなテーマになっていました。このまま産業化が進み、人口爆発が続けば、大変なことになるという認識でした。そこで、人口の抑制が必要とされ、対策が立てられました。今でも、先進国ではない、開発が今まさに進んでいる国では人口の抑制が必要とされています。

ところが、先進国の場合には、社会的な条件が変わることで、人口の抑制を超えて、少子化という事態にまで到ってしまった。それも、専門家の予測した以上のハイスピードで、子どもが生まれない社会が生み出されてきました。子どもを育てることにお金がかかり、しかも、所得の伸びが将来において期待できない以上、少子化は必然です。

ただ、それによって人口爆発も抑えられます。あるいは、テロにまつわる状況も変わる。アラブの世界にも経済的な豊かさがもたらされ、少子化に転じたことで、子どもをテロリストにしない傾向が生まれ、それで大規模なテロがなくなったともいわれています。

中国にしても、強力な「一人っ子政策」を実施したから、あれだけの経済成長を達成し、さまざまな矛盾を生み出していながら、経済成長から落ちこぼれた人間が暴動を起こしたりしないようになっています。だいたい、最近の中国人は、昔とは違い、個人としては強い自己主張をしなくなっているように思います。これも、一人っ子が増えたことが背景にあるのではないでしょうか。

少子化は、人類社会の必然的な方向性であり、日本はこの面でも世界の先端を行っている。そう考えるしかないでしょう。必然ならば、それを食い止めることは至難の業です。大きな変化は、起こりそうにありません。

ただそうなれば、年金などの社会保障制度は立ち行かなくなりますし、経済発展も見込めなくなります。人口が減少に転じて、その傾向がはっきりとしてくれば、国内市場は縮小していかざるをえません。

その傾向は防ぎようがないことですから、発想を根本《こんぽん》から変えるしかない。少子化が続き、市場が縮小していくなかで、どうするのか。この点でも、日本が先を行っているとすれば、自分たちで新しい方向性を考えるしかありません。

人口減少に対応できる経済を――水野

先進国は日本を含め、どこも少子化の悩みを抱えています。しかもアメリカ、イギリス、スウェーデン、フランス、ドイツの欧米五ヵ国よりも、日本は高齢者人口比率が高く、少子高齢化でも先を行っている。これにもモデルケースはないですね。

欧米五ヵ国で高齢者人口比率がもっとも高いのは、ドイツです。逆にベビーブームに沸くのがフランスですね。一九九四年に一・六五まで低下した出生率が、二〇〇六年に二・〇を超えています。政府が巨額の公費を投入して育児政策を行い、それが成功したとされているようですが、フランス型の育児政策を、ほかの先進国がとるべきか否か、また、成果があるかどうかは議論が必要でしょう。

しかし、それとは別の問題を資本主義ははらんでいます。ある程度のインフレと人口増を、前提にしているからです。つまり、インフレと人口増という、両方の要素がなければ、これまでの資本主義は成り立たない。そう考えると、もはや「資本主義1・0」的な発想では、何も解決できないのです。

また、「GDP成長率が二%や三%でないといけない」と考えること自体、おかしいでしょう。今の日本では、一人ひとりの生活水準が年間三万四千ドルを維持できているのです。それなのに「日本経済がまだ成長しないと良い社会にならない」と考えるのは変です。中国の一人当たりのGDPは二千五百ドルです。また、インドは九百七十ドルです。こういった水準の国から見て、三万四千ドルであっても豊かではないというのならば、新興国にとって、日本はモデルにならない国ということになります。

成長しないならしないなりに、格差をなくすなど、そういった努力が必要なのです。

無宗教ゆえの強みを活かす――島田

最近、私は、日本はすでに日本ではなくなっている、少なくとも日本人だけのものではなくなっていることを感じます。

たとえば、二月の連休に関西方面に行くことがあり、大阪の難波や京都の河原町といった繁華街に立ち寄ったのですが、あまりの人の多さに驚かされました。連休だから人出があるのは当たり前ですが、どうもそれだけではなくて、中国の旧正月と重なって、中国の人がかなり来ていた。それで、大変なことになってしまっていたわけです。

私は東京で生まれ育っていますから、人出が多い状況には慣れています。ところが、その日は、あまりに人が多いので、途方にくれてしまいました。「おのぼりさん」のような心境で、昼飯を食べなければならないし、お茶をしたいと思って探したのですが、すいている店が見つからず、街をさまよう結果になってしまいました。これは、初めての体験でした。

あるいは、東京六本木のミッドタウンにザ・リッツ・カールトン東京という高級ホテルが入っていて、そのラウンジは、チャージが二千五百円もかかり、コーヒー一杯が千六百円もするところです。ある夜そこに寄ったら、まわりは中国系の人間やインド系の人間で、日本人はあまり見かけませんでした。いったいここはどこなのか、日本なのか、それとも違うアジアの国なのか、それがもうわからなくなっています。

こうした経験をすると、日本がいつの間にか日本人のものではなくなっているように思えてきます。あるいは、これから日本人が減っていけば、そのかわりにアジアを中心に外国の人間が入ってきて、それで社会が成り立っていくのではないか。そんな気になってきますし、人口減少社会に対応するには、外国人を受け入れるしか、ほかに手はないでしょう。

その際に、日本人の無宗教は強みになると思います。宗教がしっかりと根づいた国だと、外国から人が入ってきたときに、その人が持っている固有の宗教とぶつかるのです。それによって、外国から入ってきた人たちは、自分たちだけのコミュニティをつくってしまいます。そして固まって生活し、既存の社会と対立する図式になってしまうわけです。

日本の場合は、日本人自体が「自分は無宗教」の意識を持っています。だから、外国人と宗教的に対峙することにはならないのです。

日本にも「○○人街」と呼ばれるようなエリアはありますが、外国の「○○人街」とは違うと思います。たとえば、東京の江戸川区に葛西《かさい》という街があります。地理的には東京ディズニーランドがある千葉県の浦安の隣町ですが、ここにはインド人がたくさん住んでいます。

ITの能力を買われて日本の企業に招かれたり、母国の企業が進出するなどで、インドの人など南アジア出身者が急増しています。葛西という街は東京のビジネス街に近く、その割には家賃などが安いので、外国の人にとっては住みやすい街なのだと思います。

葛西にはインド人がたくさんいますが、いわゆる自分たちで凝《こ》り固まっているインド人街という感じではありません。インド人の互助会ができ、地元の人たちとの交流もしています。インド人が地元の人にインド料理をふるまったり、逆にインド人の女性が、地元の主婦に和服の着付けや茶道を教わるなど、地域と融合しています。

日本人は、必ずしも宗教に関心がないわけではないし、実際、冠婚葬祭などでは宗教とかかわりを持ちます。その点では、宗教と無縁な無宗教ではないのですが、特定の宗教への帰属意識がないので、ほかの宗教と対立したり、ほかの宗教を持っている人を排斥《はいせき》することにはならない。どんな国の人でも、どんな宗教の人でも受け入れることは可能だと思います。

それはヨーロッパでは絶対難しいし、アメリカでも非常に難しい。アメリカはむしろ、入ってきた人々の信仰をキリスト教に変えさせるやり方で、社会のなかに組み入れていきます。そうするとイスラム教の人は壁に直面するし、当然、もめごとが起きてしまいます。

そういった問題が日本ではないのだから、強みになってくるのです。

世界に類《るい》を見ない新たなる「移民国家」を——島田

私は日本という国は、もとから外国人を受け入れやすい国だと思うのです。たとえば奈良時代の話ですが、インドや中国、朝鮮からたくさんのお坊さんが日本に来ていました。

東大寺で大仏を開眼《かいげん》したときに、中心になったのは、じつはインドのお坊さんでした。そのお坊さんは、大仏開眼が終わったあとも日本にいて、日本で亡くなっています。おそらく、インドより当時の日本のほうが住みやすかったのでしょう。

日本での律宗《りっしゅう》の開祖といわれる鑑真《がんじん》もそうですが、中国人の僧侶の場合にも、日本に来て、そのまま亡くなるまでいたというケースは少なくありません。むしろ母国に戻ったというケースのほうが、まれなのではないでしょうか。

ところが、日本から留学した僧侶や留学生はほとんど帰ってくるのです。中国で亡くなっている僧侶や留学生もいますが、それは 志《こころざし》 なかばで亡くなったケースが多く、可能なら日本に帰ってきたはずです。僧侶の場合、中国では廃仏の嵐が吹き荒れ、還俗《げんぞく》せざるをえないような状況になりましたから、日本に戻ってきたほうがはるかに安全なわけです。

今でも事態は同じで、外国から日本に来た人たちに話を聞いても、「日本は住みやすい」と必ずといっていいほどいいます。治安が悪化しているといわれますが、それでもほかの国と比べればはるかに安全だし、だいいち食べ物がうまい。この点は意外なほど重要です。

また、経済的に発展していない国から来たという場合には、母国に帰れば給与水準が大幅に下がってしまう。だったら、日本で儲けたほうが、はるかにいいわけです。

日本で働く外国人の多くが、母国に住む家族に送金をしており、そういう人たちを母国も必要としている。また人手不足だから、企業も積極的に外国人を採用するようになってきています。そうなると、日本に定住する可能性が高くなるのは、自然の成り行きだと思います。

大学だって日本人だけではやりきれないから、どんどん外国人を入学させています。代表的な成功例は、立命館アジア太平洋大学です。立命館の本校がある京都ではなく、大分県の別府市にあるのですが、レベルはかなり高い。

そういう大学を卒業した人たちの多くは、日本で働きたいと思うのではないでしょうか。そうなれば、アメリカやイギリス、フランスのような欧米とは違うかたちで、穏やかなペースで、日本も「移民国家」になっていく可能性がある。日本の社会に活力を残すためには、外国人が入ってきて労働力となり、人口の維持に貢献してもらうしかないのです。

文化を外国人受け入れのツールに――水野

日本がもともと外国人を受け入れやすい性質を持っているというのは、テレビを見ていてもわかります。外国人のタレントがたくさんいて人気者も多く、スポーツでも外国人のスター選手が目立ちます。また、国技である相撲に代表されるように、国際化が進んだ不思議な国です。

移民政策どころか、鎖国で外国人をシャットアウトしていた国だったのに、気がついたらこれほど国際化しているのですから。

さらに、日本の場合、カルチャーという強みがあります。そういったものに母国で接していれば、日本に来ても違和感はないでしょう。むしろ日本は、文化的に憧れの対象になるほどですから。

漫画でも『キャプテン翼』が十ヵ国語ぐらいに訳されて、フランスのジダンが読んで、サッカー選手になりたいと思ったというのは、あまりにも有名な話です。

イラク派遣のときに自衛隊は、給水車に日の丸だけではなく「キャプテン翼」をつけています。「お互いのカルチャーは同じなんだよ」というメッセージであり、イラク人もそう受け止めていたようです。ある意味、日の丸ではなく「キャプテン翼」が、混乱するイラクで自衛隊の給水活動を守った。

これにはおもしろい話があって、給水車を見た地元の子どもがある隊員に、「今だったらピカチュウだろう」とツッコミを入れたというのです。向こうの子どものほうが、日本の大人よりも漫画のトレンドを知っているのですから、すごい話です。

ポケモンカードにしても、外国では漢字とかカタカナが書いてあるほうがプレミアムカードになり、高値で取り引きされるそうです。どれが本物か、子どもたちもわかるのでしょう。漢字やカタカナといった日本特有の文化が、もちろん正確にではないでしょうが、外国でも受け入れられているというのは、注目すべきことでしょう。

アニメや漫画だけではなく、小説にしても、村上春樹《むらかみはるき》やアメリカのエドガー賞にノミネートされた桐野夏生《きりのなつお》など、国際的にも高く評価されている人がたくさんいます。

高度成長の時代、地方から上京した人が巨人ファンになることは一種の「イニシエーション」だと、島田さんは指摘されていました。それと同じように、日本のカルチャーに接することで、外国人は母国にいながらイニシエーションを受けているようなものです。日本の文化は、外国人受け入れの有力なツールです。

ところで、地方が外国人を受け入れるとしたら、カギになるのは街のオープンさでしょう。

全国規模で展開する企業は、各地域に支社や支店などを持っています。そういった支店が集中する都市を「支店経済都市」といいます。札幌市や仙台市、千葉市や広島市などが、支店経済都市です。

たとえば、島田さんが街中を歩き、外国人が普通に街になじみ、景気が良いのではないのか、と感じた福岡市。この福岡は九州の支店経済都市です。そのために、街の案内板などにハングル文字などの表記を多数入れることで、アジアの人が訪れやすい環境を整えています。

ところが同じ九州であっても、閉鎖的な体質を持つ都市もあるかと思います。こういった都市で、新たに商売するのは大変だそうです。

そう考えると、たとえば、今は都市間の競争で後れを取っている大阪はもともと商人の街だからオープンなはず。人口が減っていくなかで、街に外国人を呼び込み、新たな経済圏をつくる。これで大阪が再生されていくことは、ありえる話です。

日本人のメンタリティーが変わる――島田

日本社会の究極的な強みが何かということになれば、ひとつは、すでに指摘しましたように、安全で安心な社会が実現されているということですね。

それは、国内のことだけではなく、対外的にもいえることで、周辺には北朝鮮のような国家もありますが、危険性が差し迫ったような紛争地帯はありませんし、日本が戦争に巻き込まれる危険性は、今のところかなり低い。

もうひとつは、文化の問題があると思います。日本人は普段それを意識することはありませんが、日本の社会の強みは、文化の連続性が確保されていることにあります。これだけ昔の文化が今日にまで伝えられているところはありません。しかも、私たちは昔の文化を今でも享受しています。

たとえば、『源氏物語』が書かれて二〇〇八年で千年になるそうですが、この物語は今でも読み継がれ、漫画になったり、劇化されたりもしています。つまり、死んだ文化ではなく、生きた文化として受け継がれています。

そして、漫画やポップアート、ゲームなどで、日本は世界の文化の先頭に立っています。それも、日本が世界のなかでもっとも進んでいるからであり、ほかの国では、文化的にも日本をあと追いしているような状況が生まれています。

こうした分野では、ほかの国が日本に追いつき、追い越すことは相当に難しいのではないでしょうか。文化的に進んでいるということは、日本が世界の憧れになるということです。

このように、日本には安全とともに魅力的な文化がありますから、世界中の人が日本に憧れ、日本に来たい、さらには日本で生活したいと思うのは当然です。だからこそ、近隣諸国からの観光客が来ていますし、買い物客も相当に増えています。その傾向はますます加速されていくでしょう。

そうなると、国内での消費に限定されるため、経済的に苦しいドメスティックな産業の場合にも、国内に入ってきた外国人を商売の相手にすることで、産業として拡大していく余地が生まれてきます。日本自体を売り物にして、それによって経済力を確保していく。しだいにそうした方向に向かっていくでしょうし、すでにその傾向が現れているといえます。

日本人としては、すでに自分たちの国は、自分たちだけのものではないと考えるしかないでしょう。そして、私たちがつくり上げた文化、社会というものを、外国の人々にも享受してもらうことを考えないといけない。

さらにいえば、日本の文化を外国の人に伝えることを考えていかなければならない。それも、ただ、外国人にとって海外の珍しい文化ということではなく、日本に来た、あるいは日本と接した外国の人々が、日常の暮らしのなかで使う当たり前の文化としての日本文化を伝えていかなければならない。今やそうした段階に到っているのではないでしょうか。

それに対応して、日本人自身も、そのメンタリティーを変えていくしかないのです。グローバル化、情報化の大波のなかで、従来の日本人の枠組みにとらわれず、もっとオープンな方向に進んでいくしかない。海外から日本に入ってきた人たちと共生しながらやっていく方向こそが、これからの時代、もっとも求められるのではないのでしょうか。

今や新しい日本人像が求められています。「資本主義2・0」の世界で、まっとうに生きることのできる、ある意味タフで、先見性を持った日本人に生まれ変わっていかなければならないのです。

海外に出て活躍する国際人も必要ですが、いっぽうで、日本にいながら国際化しているような人材が求められている。そんな気がしています。

見えてくる、これから五百年の日本——水野

たしかに、日本の固有文化が変わる可能性は大きいでしょう。これに対して、危機感を抱く人がいるかもしれません。しかし、多くの外国人は日本の文化が良いと思って来ているのです。日本に来た人が日本人だと思えば、文化が変わっていくことも、それはそれでいいのでしょう。日本的な文化を共有できるかどうかが重要ですが、少なくとも今、日本に来ている外国人は、日本的な文化を共有しているでしょうから。

だから、もはやどの国で生まれたのかといったことは、重要ではなくなってくるのかもしれません。

また、これから先、世界の経済のトレンドは、従来のように欧米が唯一の世界標準ではなくなって、イスラム金融も仲間入りしてくるかもしれません。そこには「利子」という発想がなければ「喜捨《きしゃ》」という、チャリティー精神を盛り込んだ経済の展開も考えられます。

そういった情勢にあって、日本は、無宗教であることと、本来持つ外国人を受け入れる性質を活かすことができます。経済成長を盲目的に信じる、もはや前時代的な国家ではなく、「新たな先進国」とでもいえる国家を構築すればいいのです。

「資本主義2・0」が「資本主義1・0」と同様に五百年続くのであれば、五百年という年月をかけて変化すればいいと思います。

それができるのであれば、「資本主義2・0」の世界でも日本は先を行き、世界のモデルケースとなっていくのでしょう。

あとがき——アメリカが日本のあとを追いかけている

その始まりをアダム・スミスの『諸国民の富の性質と原因の研究』(『国富論』)とすれば、経済学は二百数十年をかけて、磨き上げられてきたことになる。しかし、人類が長きにわたって構築してきた理論は、「資本主義1・0」のみを対象としているゆえに、すでに現状を前に力を失ったといっても、過言ではないだろう。

国家と資本が一体化して動いた「資本主義1・0」と、「資本主義2・0」とでは、その性質において大きく異なる。資本が国境を越えグローバルに動き、国家と資本は一体感を失い、それぞれがばらばらに行動するからだ。

「金融帝国」、あるいは「資本帝国」化する「資本主義2・0」の主役は資本家であるがゆえに、資本を持っている者がつねに有利になる。そして資本を持たざる者、労働のみを提供する人々は、努力をしても生活水準が下がっていくことになる。それは日本や欧米などの先進国、中国やブラジルなどのBRICs諸国、あるいはいかなる発展途上国にも、同じ現象として起きてくるのである。

それは、歴史にも見てとれる。

人類は中世的世界から、近代主権国家に移る準備を百数十年かけてやっている。十五世紀末から始まった大航海時代に端《たん》を発し、一六四八年、それまで世界を支配してきた中世封建社会・ローマ教皇絶対主義に「死亡証明書」をつきつけたウェストファリア条約まで、近代主権国家に移る準備に百数十年を費やしているのだ。

この期間、その時代において途上国だったイギリスでも、また先進国であったイタリアでも、同じように労働者の生活水準の低下は起きている。

「資本主義2・0」の時代の入り口に立つ現在、すでに地図に描かれた国境は取り払われてしまっている。国境はそれぞれの国家のなかに引かれており、それは、私たちが見慣れた地図に描かれた、二次元的なものではない。三次元的階層をなすかのように、しかも複雑に引かれているのだ。

そして、それぞれの国家の内部にまで切り込んだ新たな国境により、資本を持つ者と持たざる者が分けられている。しかも、資本を持つ者はひと握りでしかない。人類の大多数を占めるのは、資本を持たざる者、労働のみを提供する人々である。

努力をしても生活水準が下がる現象を前にして、それでも、「努力が足りないからだ」と、斬り捨てるのは簡単なことだ。だが、それはあまりにも短絡的な考え方である。なぜならば、これまでの経済学の範疇《はんちゅう》に収まりきらない現象が起きているから、そして「資本主義1・0」の経済学では説明できないから、つまり、よくわからないゆえに、斬り捨てようとしているからである。

今、私たちに求められているのは、「解」である。世界経済の現状がどうなっているのか。なぜ、努力しても生活水準が上がらないのか。それを回避するための「解」を、私たちは出さなければいけない。

私たちは、おそらく五百年に一度訪れる、大きな変革を前にしている。その変革を、弱者を斬り捨てる方向に持っていくのではなく、どうすれば、人々のための経済となるのか、それを導く「解」を出さなければならないのだ。

しかし、もしかすると「回避できない」という「解」が出るかもしれない。だとすれば、それに対する、たとえば新たな分配制度を考えるなど、コンセンサスを出さなければならない。コンセンサスを出すためにも、「資本主義1・0」の思考にとらわれず、すでに時代が「資本主義2・0」であることを前提にして、現状の分析を早急に行う必要がある。

経済界の巨人、ジョン・メイナード・ケインズは、古典的なセイの法則を否定し、新たな経済学と経済政策上の革新を実現した。ケインズは溢《あふ》れかえる失業者を目《ま》の当たりにして、「市場にまかせておけばうまくいく」という考え方が通用しないと結論づけ、ケインズ経済学を打ち立てた。

二十一世紀を生きる私たちは、ケインズが直面したものと同じ状況を前にしている。いや、それはもっと大きなスケールで、起きているのかもしれない。

現在、「新自由主義」の経済思想に基づき、多くの国家が経済政策を行っている。しかし、これとて「資本主義1・0」の範疇の政策でしかない。現在とケインズの時代とを照らし合わせると、もはや新自由主義は、「資本主義2・0」の前では、ケインズが批判した古典派経済学でしかないのだ。

今の時代、求められるのは「二十一世紀のケインズ」の登場ともいえるだろう。それは、ケインズが当時主張した処方箋《しょほうせん》ではなく、既成概念を打ち破る革新的思考である。

もはや人間の経済行動を、経済ツールだけでとらえていても限界がある。経済ツールだけではなく、ほかの学術からの視点を交え、多次元的に分析することが必要である。そして、その有効なツールとして、宗教学があげられるだろう。

「資本主義1・0」が軌道に乗っているときは、人の「欲得」が巨大な力を持ち、宗教に打ち勝っていた。しかし「資本主義1・0」が成熟し、「資本主義2・0」に移行する時期では、むしろ、宗教のほうが社会を変革する力を持っているのではないだろうか。なぜならば、経済と宗教の考え方は、コインの表と裏ともいえるからだ。

また、宗教学のみならず、さまざまな社会学が必要となってくるに違いない。経済においては、利益の極大化原理が人を支配するが、人を動かす、「もっと大きな力」が別にあることを、経済学者もエコノミストも認識すべきである。

驚異的な近代化を実現した日本は、「世界の先」を走っている。日本の土地バブルとアメリカのサブプライムローン問題を見てもわかるように、アメリカが日本のあとを追いかけているのだ。

そして、現在の日本は、二極化と中産階層の没落という苦しみを、世界のどの国よりも早い段階で味わっている。だが、それはチャンスでもある。日本をモデルケースに、「資本主義2・0」を、いかにして人のための経済にするのかに、挑むことができるからである。

また、日本に変革をもたらすということは、世界に変革をもたらすことに通じる。日本を救うことは、世界を救うことと同義ともいえる。

そのためにも「解」が必要となる。それは「喜捨《きしゃ》」の精神かもしれないし、ほかの「解」かもしれない。

だが、いずれにしても、私たちは「解」を出す必要性に迫られている。

最後になるが、まず、新たな指針を示してくれた宗教学者の島田裕巳《しまだひろみ》氏に、感謝の意を示したい。『オウムと9・11』（メディア・ポート・二〇〇六年）ほか氏の著書は、つねにヒントを与えてくれ、私も多大な影響を受けている。さらに島田氏との対話を提案してくれた、電通の渡辺一夫《わたなべかずお》氏に、また、出版にあたりお世話になった講談社生活文化第二出版部の間渕隆《まぶちたかし》氏と、スタジオ・ジップの川﨑敦文《かわさきあつふみ》氏にも、ここに感謝したい。

二〇〇八年五月

水野《みずの》和夫《かずお》

著者略歴
水野和夫（みずの・かずお）
一九五三年生まれ。三菱UFJ証券参与・チーフエコノミスト。一九七七年、早稲田大学政治経済学部卒業。一九八〇年、同大学大学院経済学研究科修士課程修了。八千代証券（国際証券、三菱証券を経て、現・三菱UFJ証券）に入社。一九九八年、金融市場調査部長。二〇〇〇年、執行役員。二〇〇二年、理事・チーフエコノミスト。二〇〇五年より現職。著書には、『所得バブル崩壊』（ビジネス社）、『虚構の景気回復』（中央公論新社）、『100年デフレ』（日本経済新聞社）、『人々はなぜグローバル経済の本質を見誤るのか』（日本経済新聞出版社）など。

島田裕巳（しまだ・ひろみ）
一九五三年、東京都に生まれる。一九七六年東京大学文学部宗教学科卒業。同大学大学院人文科学研究科修士課程修了。一九八四年、同博士課程満期退学（宗教学専攻）。放送教育開発センター助教授、日本女子大学教授などを歴任し、二〇〇五年より、東京大学先端科学技術研究センター特任研究員に。現在、同客員研究員、中央大学法学部兼任講師。著書には、『創価学会』（新潮新書）、『女はすべからく結婚すべし』（中公新書ラクレ）、『公明党vs.創価学会』（朝日新聞社）、『宗教としてのバブル』（ソフトバンク新書）、『日本の10大新宗教』（幻冬舎）、『3種類の日本教』（講談社）など。

資本主義《しほんしゅぎ》2・0
――宗教《しゅうきょう》と経済《けいざい》が融合《ゆうごう》する時代《じだい》

二〇〇八年五月三〇日　第一刷発行

著者――水野《みずの》和夫《かずお》・島田《しまだ》裕巳《ひろみ》
カバー写真――渡部純一
カバー画像制作――矢谷竜也
装幀――守先正

発行者――野間佐和子　**発行所**――株式会社講談社
東京都文京区音羽二丁目一二―二一　郵便番号一一二―八〇〇一
電話　編集〇三―五三九五―三五二二　販売〇三―五三九五―三六二二　業務〇三―五三九五―三六一五
印刷所――慶昌堂印刷株式会社　**製本所**――黒柳製本株式会社
落丁本・乱丁本は購入書店名を明記のうえ、小社業務部あてにお送りください。送料小社負担にてお取り替えします。なお、この本の内容についてのお問い合わせは生活文化第二出版部あてにお願いいたします。
ISBN978-4-06-214716-3
定価はカバーに表示してあります。